BIBLIOTHEQUE

UNIVERSELLE

Première Claſſe :

VOYAGES.

Il paroît tous les mois deux Volumes de cette Bibliothèque. On les délivre soit brochés, soit reliés en veau fauve ou écaillé, & dorés sur tranche, ainsi qu'avec ou sans le nom de chaque Soufcripteur imprimé au frontispice de chaque volume.

La soufcription pour les 24 vol. reliés est de 72 liv., & de 54 liv. pour les volumes brochés.

Les Soufcripteurs de Province, auxquels on ne peut les envoyer par la poste que brochés, payeront de plus 7 liv. 4 s. à cause des frais de poste.

Il faut s'adresser à M. CUCHET, Libraire, rue & hôtel Serpente, à Paris.

BIBLIOTHEQUE
UNIVERSELLE
DES DAMES.
VOYAGES.
TOME DOUZIÈME.

A PARIS,

Rue et hôtel Serpente.

Avec Approbation & Privilège du Roi.

1789.

BIBLIOTHEQUE
UNIVERSELLE
DES DAMES.
VOYAGES.
LETTRE CXL.

De Syranaskar.

EN quittant Lahor, Madame, je profitai du départ d'un seigneur Mogol, qui alloit prendre possession du gouvernement de Kismire. Je n'ai pu résister à la curiosité de voir ce beau pays, qu'en France on appelle Kachemire. C'est une province du Mogol, située au nord de l'Empire, au pied du Mont-Caucase,

Syranaskar sa capitale, d'où je vous écris, est assise au milieu d'une très-belle campagne, diversifiée par un grand nombre de collines. Plus loin s'élèvent des montagnes revêtues d'arbres & de paturages, & peuplées de toutes sortes de bestiaux & de gibier.

Au-delà des premières, on en voit dominer d'autres, dont le sommet est toujours blanchi de neige. Il en sort une infinité de sources, que les habitans distribuent avec art dans leurs champs, & conduisent même, par de grandes levées de terre, sur les collines. Ces ruisseaux, après s'être divisés en mille détours & mille cascades agréables, se réunissent enfin &

forment une rivière de la grandeur de la Seine. Elle traverse la capitale, serpente dans la province, reçoit sur son passage plusieurs petites rivières, & va se jeter dans l'Indus. Cette multitude de belles eaux, jointe à la douceur du climat, répand une fraîcheur & une fertilité admirables. En arrivant dans ce délicieux pays, j'ai cru voir un vaste jardin, mêlé de bourgs & de villages, varié par de petits prés, coupé par une infinité de canaux, & présentant de toutes parts les aspects les plus rians : les Mogols l'appellent le *paradis terrestre*. On n'y trouve ni serpens, ni ours, ni tigres, ni lions ; les bêtes féroces ou vénimeuses y sont remplacées par des abeilles, des perdrix, des gazelles, & quelques-uns de ces animaux qui produisent le musc. J'y reconnus par-tout les plantes, les fruits, les fleurs de l'Europe. Ils m'ont paru à la vérité moins bons que les nôtres : ce qui pourroit venir de ce que nous avons de meilleurs jardiniers. Selon une ancienne tradition du pays, toute cette contrée n'étoit autrefois qu'un grand lac : si ce fait est vrai, ce ne sont point les prières d'un saint personnage, qui ont donné une issue miraculeuse à ces eaux, comme l'attestent les chroniques & le tombeau de ce prétendu saint, qui est l'objet d'un pélérinage célèbre. Mais ce changement a été plutôt l'effet de quelques tremblemens de terre, qui font assez fréquens dans ces régions. Syranaskar est une grande ville, située sur le bord d'un lac de quatre ou cinq lieues de tour, rempli de petites îles. Des familles d'arbres toujours verds en font autant de jardins, qui offrent la plus riante perspective. La rivière coupe la ville en deux parties, qui se communiquent par des ponts de bois. La plûpart des maisons sont bâties de la même manière, quoique le pays ne manque pas de pierre de taille, & qu'on y trouve de vieux temples & plusieurs restes d'anciens édifices. Ces maisons sont à deux ou trois étages, & ont presque toutes un joli petit jardin, au bout

A iij

duquel est un canal qui répond au lac, & un bateau pour la promenade. Les dehors de cette capitale présentent l'aspect d'un grand nombre de maisons de plaisance. La plus agréable est celle qu'on nomme le *jardin du roi*. On y entre par un grand canal, bordé de gazon & long de cinq à six cents pas, entre deux belles allées de peupliers. Ce canal conduit au pied d'un cabinet, élevé au milieu du jardin ; & là, commence un autre canal beaucoup plus beau, qui s'étend jusqu'à l'extrémité de l'enceinte. Les bords de ce second canal, formé en talus, sont revêtus de pierre de taille ; & le fond même en est pavé. Il règne au milieu, de distance en distance, une longue file de jets d'eau, & tout autour sont pratiquées diverses pièces d'eau rondes, d'où sortent d'autres jets d'eau, qui font un effet admirable. Un second cabinet, semblable au premier, termine agréablement ce long canal. Ils sont voûtés en dôme, avec une galerie percée de quatre portes, en regard l'une de l'autre. Un grand sallon au milieu, & quatre chambres aux quatre coins, composent chaque cabinet. L'intérieur est orné des chef-d'œuvres de peinture & de dorure, & parsemé de sentences en langue Persane. Les portes extérieures sont soutenues par des colonnes, qui sont les restes des anciens temples d'idoles. La matière dont elles sont construites, efface la beauté du marbre & du porphyre.

Je n'ai point encore vu de pays, Madame, qui, dans une aussi petite étendue, renferme autant de beautés naturelles que la province de Kachemire. Elle formoit autrefois un royaume, gouverné par des princes du pays, auxquels un Empereur Mogol l'a enlevé. Les habitans de cette belle contrée passent pour les plus spirituels de tous les peuples de l'Indostan. On vante leur talent pour la poésie; & ils joignent aux dispositions pour les sciences, beaucoup d'industrie & d'amour du travail. Ils excellent dans les ouvrages de tabletterie sur lesquels ils appliquent l'or & le vernis avec une adresse singulière : mais ce qui fait l'objet principal de leur commerce, est une espèce d'étoffe fort légère, faite de laine ou de poil de chèvre, qui surpasse la finesse du castor. Chaque pièce a une aune de largeur, & une & demie de longueur. Ils y occupent jusqu'à leurs enfans. Les Indiens de l'un & de l'autre sexe, les portent sur leur tête en hyver, & les passent comme un manteau, par-dessus l'épaule gauche. Les autres ouvriers des Indes ne parviennent point à leur donner la mollesse & la beauté de celles de Kachemire. Aussi sont-elles les plus estimées & les plus recherchées de tout le Mogol.

Les Kachemiriens sont beaux &

bien faits, & leurs femmes charmantes. Elles ne le cèdent point à celles de Lahor ; elles ont même quelque chose de plus piquant. Les étrangers, qui arrivent dans l'Indostan, cherchent à s'en attacher quelques-unes ; ils les apprivoisent, en leur faisant de petits présens en argent ou en confitures.

Dans une occasion que j'eus de visiter toute cette province, je remarquai une singularité, que je n'avois point encore vue ailleurs, c'est une fontaine qui se trouve à quelques journées de la capitale. Pendant la fonte des neiges, qui est ordinairement au mois de mai, elle coule & s'arrête régulièrement trois fois le jour, le matin, à midi

& le soir. Ce phénomène dure l'espace de quinze jours ; le cours de cette source devient ensuite moins abondant, moins réglé, & s'arrête enfin, pour ne reparoître qu'un an après. En quittant ce lieu, je me détournai de mon chemin, pour voir une maison de plaisance des anciens rois de Kachemire. Sa principale beauté consiste dans une source d'eau vive, qui forme comme une espèce de fossé autour du château, & un grand nombre de canaux, qui ornent & arrosent les jardins. Elle sort de terre, en jaillissant du fond d'un puits, avec une violence, un bouillonnement & une abondance extraordinaire. Son eau est d'une clarté admirable, & si froide qu'on peut à peine y tenir la main. Le jardin est embelli par de magnifiques allées, entremêlées de jets d'eau, de réservoirs, de cascades. Je ne craignis pas de me détourner encore, pour visiter un autre jardin royal, où, parmi les mêmes agrémens, je vis un canal plein de poissons, qui obéissent à la voix & viennent quand on les appelle. Quelques-uns portent aux narines des anneaux d'or, avec des inscriptions qui font connoître leur âge & le nom des personnes qui les y ont attachés.

De retour dans la capitale de Kachemire, on me parla du tombeau d'un saint, où s'opèrent, disoit-on, des miracles extraordinaires pour la guérison des malades.

Curieux de voir ces phénomènes, je me rendis à Bara-Moulay, nom de la montagne où se trouve ce mausolée. Je vis dans la mosquée, une grosse pierre, que l'homme le plus fort remueroit à peine : on m'assura que les prêtres du temple, après avoir fait leur prière au saint, l'enlèvent comme une paille du seul bout de leur doigt. Ils se mirent en effet une douzaine autour de la pierre ; mais ils firent un cercle si serré, & ils étoient vêtus de robes si longues, que quoiqu'ils la levassent en effet, je ne pus voir de quelle manière ils la tenoient. Quantité de pélerins, dont la mosquée étoit environnée, se disoient malades, & attendoient leur guérison de ce miracle, ou pour mieux dire, d'une cuisine remplie de grandes chaudières pleines de viandes, fondée par des ames dévotes pour la nourriture de ceux qui visitent ce saint lieu. D'un autre côté je découvris le jardin & la maison des prêtres, qui vivent dans une heureuse abondance, à l'ombre du saint dont ils exaltent les miracles.

LETTRE CXLI.

D'Amadabath.

Depuis ma dernière lettre, Madame, j'ai traversé toute cette étendue de pays, qui s'étend depuis Agra jusqu'à la province de Guzarate, dont Amadabath est la capitale. On dit que cette ville fût bâtie par un roi du pays, nommé *Ahmed*, qui lui donna son nom ; qu'un autre prince en bâtit une autre à quelque distance de là, sous le nom de Mahmoud-Abad ; les deux villes furent agrandies & réunies en une seule qui est aujourd'hui florissante par son commerce. Les Anglois y ont un établissement considérable. J'allai loger chez le directeur, qui, dès le premier jour, après le souper, fit venir dans mon appartement une troupe de danseuses, qui ne furent pas trop satisfaites de la manière décente dont je les reçus.

Le directeur me mena le lendemain dans son carosse, pour me faire voir une partie de la ville. Cette voiture, faite à l'Indienne, étoit toute dorée, couverte de plusieurs riches tapis de Perse, & attelée de deux bœufs blancs, qui n'annoncent pas moins de courage que les chevaux les plus vifs. Je fus d'abord conduit à la principale place, nommée le *marché du roi* Elle a seize cents pieds de long sur huit cents de large, & est ornée de tous côtés, d'un double rang de palmiers & de tamarins, entremêlés de citronniers & d'orangers.

La plûpart des rues font plantées des mêmes arbres, ce qui, outre l'agrément du coup d'œil, procure de la fraîcheur & une odeur délicieufe, & donne de loin à cette grande ville l'apparence d'une vafte forêt parfemée de maifons de plaifance. On me fit voir enfuite le château qui paffe pour un des plus beaux de la province. Le palais des anciens rois de Cambaye attira auffi ma curiofité. Il offre encore des reftes peints & dorés, qui atteftent au voyageur fon ancienne magnificence. J'entrai dans le fameux temple des Banians:

il ne le cède en rien à aucun de ceux qui ornent la ville. J'y vis un prêtre pieusement occupé à recevoir les présens & les offrandes de ceux qui venoient y faire leurs dévotions. C'étoient des fleurs pour les idoles, de l'huile pour les lampes, du sel, du bled & de l'argent pour les prêtres. Pendant que celui, dont je vous parle, paroit de fleurs les statues, il avoit la bouche & le nez couverts d'un linge, de peur que son haleine ne profanât le saint mystère. Il s'approchoit de tems en tems de la lampe, marmotoit quelques paroles, se frottoit les mains sur la flamme, comme s'il les eût lavées à la fumée, & les promenoit sur son visage pour se purifier. Nous le laiſſâmes édifier ou amuſer le peuple par ces grimaces ; & nous continuâmes à parcourir la ville. Elle eſt grande & bien peuplée, les rues en ſont larges & les bâtimens magnifiques. On lui donne à-peu-près comme à Paris, ſept lieues de circonférence, en y comprenant auſſi les fauxbourgs, qui ne cèdent en rien à ceux de notre capitale. La garniſon y eſt aſſez nombreuſe pour réprimer & contenir certains brigands, qui ne reconnoiſſant ni l'autorité ni les loix du Grand-Mogol, font inceſſamment des incurſions dans les environs.

La plus grande magnificence d'Amadabath & de ſes environs conſiſte dans des tombeaux. Ce font de grands & beaux édifices, accompagnés de jardins, ouverts à tout le monde. Le jardin de *zirké*, situé à une lieue & demie de la ville, est l'ouvrage d'un roi de Guzarate, qui le fit bâtir en l'honneur de son précepteur, qui s'étoit, dit-on, illustré par des miracles. Il seroit à souhaiter que les grands princes élevassent tous des monumens publics de reconnoissance à la mémoire des hommes vertueux & éclairés qui leur ont donné la vie morale. Cet édifice avoit aussi pour moi un double intérêt. J'en parcourus tous les réduits, après avoir promené un œil d'admiration sur quatre cents colonnes de marbre, de la hauteur de trente pieds. C'est dans ce jardin qu'on voit les tombeaux de trois rois de Cambaye, qui marquèrent là leur sépulture & celle de leur famille.

Il y a un si grand nombre de jardins dans les environs d'Amadabath, qu'il me fallut plusieurs jours pour les parcourir tous. Un des plus beaux est connu sous le nom de *jardin du roi*. On y admire un superbe édifice, dont les fossés sont pleins d'eau, & les appartemens très-riches. Non loin de-là, on en voit un autre nommé gaîment le *joyau* ; au milieu de ce jardin est un vaste réservoir d'eau. Rarement y va-t-on sans faire la rencontre de quelques jeunes Indiennes, qui s'y baignent : elles ne souffrent point que les Indiens les voient, mais elles font bien moins difficiles pour les Anglois : auſſi, permirent-elles à mon directeur Anglois & à moi, d'y entrer & de leur parler.

Outre ces jardins, qui forment l'aſpect le plus riant, les grands chemins ſont encore bordés d'un double rang de cocotiers & d'autres arbres, qui logent & nourriſſent des familles innombrables de ſinges, & ſervent de retraite à toute ſorte d'oiſeaux & ſur-tout à des perroquets, qui égaient les voyageurs par des ſons demi-articulés.

Parmi les ſinges, j'en ai remarqué d'auſſi grands que des levriers, & d'aſſez forts pour attaquer un homme : rarement cependant montrent-ils ce courage. Leur couleur est ici d'un verd-brun ; ils ont la barbe grife, les fourcils longs & blancs, & fe multiplient à l'infini, ce qui fait que la ville en eft abondamment peuplée ; ils font fi familiers, qu'ils entrent dans les maifons à toute heure, en toute liberté & en fi grand nombre, que les marchands de confitures & de fruits, dont ces animaux font friands, font obligés de veiller continuellement aux voleries & aux rapacités de cette race friponne. Je me fuis fouvent amufé à attrouper autour de moi un cercle de ces animaux ; quelques amandes me procuroient & fixoient cette fociété. Ils venoient les prendre dans mes mains, & s'étudioient à faire tant de grimaces, & à prendre tant de postures plaisantes, qu'ils sembloient vouloir payer mes caresses par la variété de leurs gestes.

LETTRE CXLII.

D'Amadabath.

CETTE ville, Madame, fleurit sur-tout, par le commerce qu'elle fait de toutes les marchandises de l'Asie, & sur-tout des étoffes de soie & de coton, dont on voit ici des fabriques sans nombre. On emploie rarement les soies du pays, dont la qualité est médiocre ; on se sert de celles de la Chine & du Bengale.

Bengale. Les autres branches de commerce s'étendent fur le fucre-candi, la caffonade & fur toutes fortes de confitures, & fur le cumin, le miel, le vernis, l'opium, le borax, qui eft un fel minéral dont on foude les métaux, le gingembre, le falpêtre, le fel ammoniac & fur-tout l'indigo, qui croît ici en abondance.

Mais ce que j'ai trouvé de plus avantageux dans cette ville, c'eft la commodité pour le change; les Banians font des traites & des remifes, pour toutes les parties de l'Afie, & même pour Conftantinople. Ce qui convient d'autant plus aux marchands, que les brigands & les voleurs, dont je viens de vous parler, rendent les chemins dangereux, quoique, comme je vous l'ai déjà dit, l'Empereur entretienne des soldats pour veiller à la sûreté publique. Une partie des revenus d'Amadabath est destinée à la solde de ces troupes. Ils montent à plus de dix-huit millions, parce que cette ville a dans son territoire vingt-cinq bourgs, & près de trois mille villages, qui en dépendent.

Le Gouverneur, qui dispose de cet argent pour la paie des troupes, est quelquefois lui-même le fauteur des brigands, & partage avec eux le fruit de leurs rapines. Il prend le titre de Kan ou de Raja, qui veut dire *Prince*, & posséde des richesses immenses. Sa maison est composée de plus de cinq cents officiers, & , là, veille toujours une garde de deux cents hommes.

Ce Gouverneur, dans son hôtel & dans son déshabillé, est vêtu d'une simple veste de toile de coton; mais quand il sort & qu'il se montre en public, il paroît dans un costume & un équipage magnifique, assis sur un éléphant, dans une espèce de trône; il se fait escorter d'une garde nombreuse. Devant lui on porte des étendards de différentes couleurs, comme on portoit les faisceaux devant les consuls de l'ancienne Rome. Il est suivi de plusieurs chevaux Persans, menés à la main par des esclaves. Il a sous lui d'autres officiers, nommés par l'Empereur pour veiller sur sa conduite.

rendre la justice aux peuples & maintenir la police. Malgré ces inspecteurs de ses actions, il n'a pas moins la plénitude de l'autorité, comme le prouve l'histoire suivante dont je vous garantis la vérité.

Un des derniers Gouverneurs de cette province avoit demandé une troupe de courtisannes pour l'amuser après son repas, en dansant toutes nues devant lui, comme c'est l'usage dans le Mogol. On vint lui dire qu'elles étoient malades, & qu'elles ne pouvoient paroître ce jour-là. Il ordonna de les amener dans l'état où elles se trouvoient ; les valets chargés de ses ordres, lui répétant toujours la même excuse, il entra dans des accès de colère. Alors ces malheureux craignant d'être moleftés, fe jettèrent à fes pieds, & lui avouèrent que ces femmes n'étoient rien moins que malades ; mais qu'elles étoient occupées dans un autre endroit, où elles gagnoient de l'argent à une autre danfe ; ce qui les empêchoit de venir, parce qu'elles avoient la crainte de n'être point payées. Le Gouverneur prit affez gaiment cette défaite, mais en même tems, il envoya un détachement de fes troupes qui fe faifit de huit de ces baladines. Ces pauvres malheureufes ne furent pas plutôt entrées dans la falle, qu'il donna l'ordre barbare de leur trancher la tête. Elles demandèrent la confervation de leur vie, avec de grands cris épouvantables. Le Gouverneur resta ferme dans sa cruauté, & l'exécution fut faite, sans que nul des assistans à cette sanglante scène osât intercéder pour ces infortunées. Quel contraste, Madame, de cet excès de barbarie, avec la douceur & la tolérance de notre gouvernement ! En France, une danseuse, une actrice, manque impunément au public, sous le plus léger prétexte de maladie ; souvent même elle n'a pas besoin de colorer son absence de tous ces prétextes. Comme cet horible spectacle étonnoit les étrangers, qui se trouvoient-là, le Gouverneur se mit à rire, & avec l'accent d'un second Hérode, il dit : Si j'en ufois autrement, bientôt je n'aurois plus d'autorité, & bientôt vous me verriez chaffé de la ville par les enfans de ces baladines.

LETTRE CXLIII.

D'Amadabath.

Vous ne concevez pas, Madame, les nombreufes familles d'oifeaux & d'animaux, que la nature offre ici à la curiofité du philofophe voyageur. Les perroquets font fi communs & fi familiers, qu'ils font leurs nids dans les villes, & les fufpendent au toît des maifons, comme les hirondelles en Europe. Ceux-ci font de la grande efpèce

& portent le nom diſtinctif de *corbeaux d'Inde* ; les uns ſont blancs, d'autres ſont d'un gris de perle, & ont la tête panachée d'une houppe incarnate. On les appelle *kakatous* ; mot qu'ils prononcent dans leur chant. Quelques-uns, plus petits & plus eſtimés pour la beauté & la diverſité de leurs couleurs, font leurs nids dans les bois, les attachent adroitement au bout des branches & les ſuſpendent en l'air. Par-là ils mettent leurs petits à l'abri des attaques des ſerpens. Ces oiſeaux font un étrange dégât dans la campagne, où ils ſe nourriſſent de grains & de fruits, au grand détriment des ſimples cultivateurs, qui, par principe de religion, n'osent les tuer, ni les empêcher de manger.

Ces bonnes gens ont les mêmes respects superstitieux pour les canards sauvages, les hérons & les cormorans, dont la rivière est couverte.

Le cormoran est cet oiseau que les naturalistes nomment *onocrotalus*, à cause du bruit qu'il fait dans l'eau, quand il y enfonce son bec & qu'en poussant sa voix de toute sa force, il imite le braîment de l'âne. J'ai remarqué dans cet oiseau une adresse singulière, pour tirer de la coquille des moules la chair dont il se nourrit. Il avale d'abord cette coquille, & la garde dans l'estomac, jusqu'à ce que la chaleur l'ait fait ouvrir; alors il la vomit pour prendre le poisson.

Quant aux animaux, les plus communs de la province de Guzarate sont les dains, les chevreuils, les onagres, les sangliers & les lièvres; voilà à-peu-près tout le gibier. Les buffles, les bœufs, les vaches & les moutons sont les animaux domestiques.

Les forets sont peuplées de lions, de léopards & d'éléphans, comme dans les autres pays de l'Inde. Les rivières sont si poissonneuses, qu'il est peu d'endroits où l'on puisse vivre plus délicieusement. Le vin y manque, à la vérité, mais il est remplacé par le *tari*, excellente boisson. Le riz, les dattes & le sucre fournissent une eau-de-vie plus forte & plus agréable que celle qui se fait en Europe.

Point de rivières ici qui ne nourrissent des crocodiles. Ces animaux y font des ravages étonnans parmi le bétail & même parmi les hommes. Ils se cachent dans l'herbe ou parmi des roseaux, pour surprendre les malheureux qui vont, ou chercher de l'eau, ou se baigner, & les voyageurs qui ont l'imprudence de marcher sur le bord des rivières. On a de la peine à les éviter à la course, quoiqu'en se détournant souvent & en tournoyant, on puisse éluder leur poursuite ; car le crocodile n'a de vertebres ni au cou, ni à l'épine du dos ; ou bien il les a trop ferrées l'une contre l'autre, pour avoir l'adresse & la faculté de se tourner : aussi surprend-il plus souvent, qu'il ne poursuit. Il se laisse mollement entraîner par le cours de l'eau, comme une pièce de bois, en cherchant & poursuivant des yeux les hommes ou les animaux qui ont le malheur de venir à sa rencontre. Souvent son avidité le trahit, en lui faisant saisir l'hameçon, qui le rend la proie de ceux dont il vouloit faire la sienne.

Les Banians, qui croient que les ames de ceux qui ont le malheur d'être engloutis dans le corps de ces animaux, vont droit dans le ciel, se gardent de les faire mourir. Tout Banian qui rougiroit ses mains

mains du sang d'un crocodile seroit réputé exclus du paradis.

Vous ne concevez pas la longueur de ces animaux. On m'a assuré qu'on en avoit vu qui avoient plus de cent pieds de long. Mais la mesure ordinaire de leur longueur roule aux environs de douze à quinze pieds. Ils sont tous antropophages, tous friands de chair humaine. On fit ces jours derniers l'ouverture d'un crocodile, qui avoit avalé une femme avec ses habits. La peau de leur dos est plus dure, plus impénétrable qu'une cuirasse à l'épreuve du mousquet. Aussi pour les tuer, on est obligé de les attaquer par les flancs & de les entamer par le ventre. Mais ils n'exposent guère au danger ces endroits foibles. Ils sont en général fort poltrons, sur-tout hors de l'eau, fuient ceux qui les attaquent, & ne montrent du courage qu'avec ceux qui leur montrent de la lâcheté en fuyant.

Quand ils ont fait leurs œufs au nombre de vingt-huit à trente, ils les couvrent de sable, au croissant de la lune, & les y laissent jusqu'au déclin de la suivante. En les déterrant, ils tuent plusieurs petits, ce qui les empêche de trop se multiplier. Le crocodile a la couleur d'un brun foncé, & la tête plate & pointue, avec de petits yeux ronds, sans vivacité. Sa large gueule ouverte d'une oreille à l'autre offre plusieurs rangées de dents de forme & de grandeur différentes, mais toutes tranchantes ou aigues. Ses jambes sont courtes, & ses pieds armés de griffes crochues, longues & pointues. C'est avec ces armes terribles, qu'il saisit & déchire sa proie. Sa principale force est dans sa queue, qui est aussi longue que son corps. Sa peau chargée d'écailles, est de tous côtés hérissée d'un grand nombre de pointes. On en fait des bonnets si durs, qu'ils ne peuvent être fendus d'un coup de hache.

La nourriture ordinaire d'un crocodile est le poisson qu'il cherche sans cesse au fond des rivières. Cet animal jette une odeur de musc, qu'il communique aux eaux qu'il habite ; il est des personnes qui se nourrissent de sa chair.

LETTRE CXLIV.

De Cambaie.

Cette ville, Madame, où j'arrivai hier, n'est qu'à quinze lieues d'Amadabath. C'est une des plus belles & des plus grandes de l'Indostan. Elle a donné autrefois son nom à la province de Guzarate, ainsi qu'au Golphe, près duquel elle est située. Environnée d'une fort belle muraille de pierres de taille, elle a douze portes, de grandes maisons & des rues droites

& larges, qui se ferment pendant la nuit. Cette ville occupe près de deux lieues de circuit, & est presque aussi commerçante qu'Amadabath, surtout en épiceries, en dents d'éléphans, en étoffes de soie & de coton, & en d'autres marchandises qu'on y apporte de toutes parts. On y compte trois marchés spacieux & quatre citernes publiques, qui fournissent de l'eau à tous les habitans. De vastes jardins & de magnifiques tombeaux ornent superbement ses environs. Je n'en ferai aucune description particulière; ils ont la même physionomie & les mêmes décorations, que ceux d'Amadabath, dont je vous ai tracé la figure. J'ai fait une visite au Gouverneur de Cambaie, & il m'a prié à dîner. Après le repas, on a introduit des danseuses, qui se sont mises à danser & à chanter toutes nues, avec plus d'adresse & de justesse que ne font nos danseurs de corde. Elles avoient de petits cerceaux, dans lesquels elles passoient avec une souplesse étonnante, & faisoient mille postures en cadence, au son de la musique, composée de hauts-bois & de petits tambourins. Leurs danses ressembloient assez à celles de quelques provinces méridionales de la France, où il me souvient d'avoir vu dans ma première jeunesse danser, en certains jours de fête, avec des cerceaux couverts de rubans & de feuilles de pampre, ce qui a fait donner à ces danses le nom de *treilles*. Elles sont sur-tout en usage chez les manouvriers de la Provence, où le peuple a une gaîté plus vive, que dans le nord de la France.

Le gouvernement politique, civil, ainsi que la police, sont à Cambaie à-peu-près les mêmes qu'à Amadabath, & c'est encore un point sur lequel je ne m'arrêterai point. Je ne vous dirai qu'un mot, Madame, sur le jardin qui passe pour le plus beau de toutes les Indes. Il doit son origine à la victoire que le Grand-Mogol a remportée sur le dernier roi de Guzarate. Aussi l'appelle-t-on le jardin de la conquête. Il est embelli de superbes bâtimens &

l'on y trouve en abondance, toutes les espèces de fruits qui croissent dans ces contrées.

LETTRE CXLV.

De Cambaie.

Il est à propos, Madame, de vous donner des observations générales sur cette province de Guzarate dont la longueur est d'environ quatre-vingts lieues, sur une largeur à-peu-près égale. L'ordre des saisons dans cette contrée vous surprendroit, si vos connoissances géographiques ne vous avoient déjà instruite de la diversité de la marche de la nature dans les divers climats du globe. Ici l'hyver commence vers la fin du mois de juin, & dure jufqu'au mois de feptembre. Il n'y plêut que par intervalle, & particulièrement à la nouvelle & à la pleine lune. Le vent du nord y règne fix mois de fuite, & le vent du midi, pendant les fix autres mois. Les grandes chaleurs font en avril, mai & juin. Elles feroient infupportables fans les vents, qui de tems en tems viennent rafraîchir l'air ; mais le plus fouvent ils élèvent une pouffière dont foleil eft obfcurci.

Le fol eft d'une nature très-fertile en toute forte de productions. Le bled eft ici & plus gros & plus blanc que le nôtre. On en fait du pain excellent, qu'on ne cuit pas dans des fours, comme en Europe, mais fur des plaques de fer, en forme de gâteau. Les fêves & les pois y font plus petits, mais beaucoup meilleurs que ceux qu'on mange en France, particulièrement les pois, dont on nourrit les chevaux & les bœufs, au lieu d'avoine, production inconnue dans l'Inde. Le foin n'y eſt pas non plus en ufage. On n'y coupe l'herbe, que pour la faire manger toute verte aux beſtiaux. La plûpart des fruits & des légumes, que nous cultivons en Europe, font également connus dans ce pays. On y trouve des ananas & des cocos : quant aux fleurs, les Indiens en eſtiment moins l'odeur, que la couleur.

Cette belle & riche province

abonde en fucre, en laque, en falpêtre & fur-tout en indigo. Le meilleur indigo du monde croît ici aux environs d'Amadabath. L'herbe dont on le fait, reſſemble aux feuilles de carottes, mais elle eſt amère & plus courte. Elle pouſſe de branches, comme la ronce, & s'élève dans les années fertiles, à la hauteur de fix ou fept pieds. Sa fleur a la figure de la fleur du chardon; on en sème la graine au mois de juin, & on recueille la plante aux environs de décembre. La première année, on la coupe à un pied de terre : d'abord on fait fécher les feuilles au foleil, puis on les fait tremper pendant quelques jours, dans une auge de pierre pleine d'eau ; on remue cette eau de tems en tems, jufqu'à ce qu'elle ait attiré la couleur & la vertu de l'herbe ; quand elle en eft bien impregnée, on la verfe dans une autre auge, où on la laiffe dormir pendant une nuit. Le lendemain on vuide l'auge, & l'on paffe le réfidu à travers un gros linge. Cette efpèce de lie, expofée au foleil, devient *indigo*, & c'eft le feul bon & naturel. Les payfans, qui par-tout font très-intéreffés, le falfifient, en y mêlant une terre, qui eft de la même couleur ; & comme on juge de la bonté de l'indigo, par fa légèreté, ils mettent un peu d'huile pour le faire furnager.

La seconde année de la plantation, la tige en produit d'autres qui ne valent pas les premières ; mais on les préfère au gyngey, espèce d'indigo sauvage. Le plus souvent on les laisse croître, pour les recueillir en graine. Celles de la troisième année sont d'une très-mauvaise qualité ; aussi les marchands étrangers n'en font aucun cas ; on les emploie dans le pays pour la teinture des toiles. C'est une marque non équivoque de la bonté de l'indigo, lorsqu'il est de la couleur de la violette, & qu'il en a l'odeur, lorsqu'on le brûle.

LETTRE CXLVI.

De Cambaie.

JE ne vous ai point encore parlé des divers habitans de Guzarate ; on y compte des Mogols, des Persans, des Arabes, des Arméniens & des Européens. Tout ce mélange de nations donne aux mœurs, aux usages & aux coutumes de cette province des caractères qui sont continuellement en contrariété. Les Indiens de ce canton ont en général le teint basané. Les hommes sont forts & bien proportionnés, ont le visage large & les yeux noirs, se rasent la tête & le menton, mais gardent la moustache, comme les

Persans. Ceux qui font profession du mahométisme sont vêtus comme ces Indiens ; mais ils arrangent différemment leur turban, & laissent pendre les deux bouts de leur ceinture, que les Persans ne laissent jamais pendans. Quelques - uns portent à leur ceinture un poignard long d'environ un pied, & plus large du côté de la garde, que vers la pointe. D'autres, au lieu de poignard, portent une épée. Tous les soldats sont armés de lances & de cimeterres.

Les femmes sont petites, mais bien faites, propres, recherchées même dans leur ajustement, & magnifiques dans leurs habits. Elles laissent flotter leurs cheveux sur les épaules, & couvrent leur tête d'un petit bonnet ou d'un crêpe bordé d'or, dont les extrêmités tombent jusques sur leurs genoux. Les plus distinguées chargent de pierres précieuses ou de perles, leur cou, leurs oreilles & leurs narines. Outre leur robe, qui ne tombe qu'au-dessous du mollet de la jambe, elles portent une chemise, qui ne passe pas les hanches, une jupe légère & des hauts-de-chausses fort amples, qui se nouent sur l'estomac, avec un cordon d'or ou de soie, dont les bouts descendent sur les pieds. Leur sein est presque nu, leurs bras le sont aussi jusqu'au coude, mais ils sont chargés d'un grand nombre de bracelets. Leurs souliers ordinairement de maroquin rouge, font plats fur le derrière, & pointus par le bout.

Les femmes Banianes ont un autre coftume. Elles ne fe couvrent point le vifage, comme les mahométanes ; mais elles fe parent la tête, les bras, les mains, les jambes & les pieds, de pierreries & de perles. Elles ont des robes de toile de coton très-fine, qui leur defcendent jufqu'au milieu de la jambe. Par-deffus, elles mettent un habit plus court, qu'elles ferrent d'un cordon, à la hauteur des reins. Comme le haut de cet habillement eft fort lâche, elles paroiffent nues, depuis le fein jufqu'à la ceinture. Une pièce d'étoffe de soie fort claire, qui leur va jusqu'au dessous du genou, leur sert de caleçon. En été, elles portent des souliers de bois vernis, qu'elles attachent avec des courroies ; mais pendant l'hyver, elles ont des pantoufles de velours ou de brocard, garnies de cuir doré, & dont le talon est fort bas.

Quant aux Banians, ils sont vêtus de longues robes assez semblables à celles des Mogols. Ces robes sont blanches, & d'une toile de coton très-fine, dont ils se font aussi des turbans, mais un peu moins grands que ceux des mahométans. Ils ne se font point raser la tête, mais leurs cheveux sont coupés très-courts.

Comme les Banians forment la portion la plus importante & la plus nombreuse des idolâtres qui peuplent cette province, il ne sera pas inutile, je crois, Madame, que je vous parle de ce peuple. Son origine remonte aux tems les plus reculés, & pendant plus de quatre mille ans, cette nation s'est préservée de tout mêlange. Elle est tellement attachée à sa religion, que ni les mahométans, ni les chrétiens n'ont jamais osé les tourmenter sur cette matière. Dans tous les tems, elle s'est toujours montrée scrupuleuse à conserver ses mœurs, ses loix & ses usages, dans toute son intégrité.

Tous les Banians croient à un

dieu suprême. Mais en même tems, ils reconnoissent aussi un principe du mal, qu'ils adorent sous le nom de démon, auquel ils attribuent l'administration de l'univers, & la puissance de faire du mal aux hommes. Aussi remplissent-ils leurs temples des images & des statues de cet être malfaisant. La figure, sous laquelle ils le représentent, est hideuse. C'est un monstre bizarement enfanté par l'imagination de quelques fanatiques exaltés, qui lui ont donné une tête chargée de quatre cornes, & ornée d'une triple couronne, en forme de tiare, un visage d'une laideur épouvantable, une large bouche, d'où sortent deux dents menaçantes, comme les défenses d'un sanglier, une barbe affreuse qui lui couvre tout le menton, deux mamelles qui lui pendent sur le ventre, & plus bas une seconde tête plus hideuse que la première, & enfin des pattes au lieu de pieds & une queue au derrière. Vous voyez que le portrait qu'ils se font du diable qu'ils adorent, ne le cède pas en laideur à celui que s'en forment les religions où il est le plus en horreur. Cette idole est placée sur une table de pierre en forme d'autel. D'un côté on met de l'eau pour la purification, & de l'autre est un tronc pour les aumônes. Le prêtre assis au pied de l'idole, fait ses prières, & va ensuite prendre dans un vase, de l'eau jaune, mêlée de bois de fandal, dans laquelle on broye quelques grains de riz, pour marquer le front de ceux qui ont prié avec lui; cérémonie qui a quelques traits de similitude avec celle que les chrétiens observent le jour des cendres.

Les Banians ont des temples dans les villes, à la campagne, le long des grands chemins, dans les bois & sur les montagnes. Ces temples ne sont ornés que de figures du diable, que de mauvais peintres ont barbouillées sur les murs, & ne sont éclairés qu'à l'aide de lampes funèbres, que l'on tient perpétuellement allumées.

Ces peuples dont la propreté est

extrême, font consister le point essentiel de leur religion, dans la purification corporelle, & ne passent aucun jour sans se laver. Ceux qui habitent le bord d'une rivière tous les jours s'y plongent de grand matin jusqu'à la ceinture, tenant à la main une paille, qu'ils reçoivent de leurs prêtres, à laquelle ils attachent la vertu de chasser les démons. Pendant le bain, le Bramine leur donne sa bénédiction, & leur prêche les dogmes de Brama.

La religion Baniane renferme tant de différentes sectes, qu'on en compte jusqu'à vingt-quatre, qui chacune ont leurs prêtres, leurs temples, leurs dieux particuliers. Au milieu de tant de diversités d'opinions, toutes ces sectes s'accordent sur certains points, tels que les grands dogmes de l'immortalité & de la transmigration des ames, les purifications corporelles & l'abstinence de toute espèce d'animaux.

Quant au caractère des Banians, j'y observe beaucoup de ressemblance avec le caractère François. Ils sont doux, polis, tendres, ingénieux, hospitaliers, francs, surtout avec les étrangers, & d'une modestie qu'on ne trouve pas toujours chez les Européens. Il n'est pas rare de voir même, parmi eux, des gens éclairés & savans dans toutes les classes, des banquiers, des jouailliers, des courtiers

tiers très-calculateurs, des marchands de grains, de toiles de coton, d'étoffes de soie, & de toutes les marchandises Indiennes. Leurs boutiques sont belles, leurs magasins richement fournis, mais ils ne vendent ni viande, ni poisson, ni rien de tout ce qui a vie, toujours par principe de religion. Ils sont tous très-commerçans, aussi tous sont dans l'opulence, & vivent dans une somptueuse magnificence. Leurs maisons sont belles, commodes & superbement meublées. Le pavé en est couvert de nattes bien travaillées, sur lesquelles ils s'asseyent, les jambes croisées, à la manière des tailleurs.

Le peuple qui forme les classes

d'artisans, ne vit que du travail de ses mains. Les tisserands, surtout, sont très-nombreux ; c'est de leurs manufactures que sortent ces belles toiles fines, ces belles étoffes Indiennes, que l'Europe admire & recherche. Cette industrie, cette ardeur pour le travail est égale dans les deux sexes, pour les tapis, les courtes-pointes, & toutes sortes d'ouvrages de coton & de soie, de la plus grande beauté.

Ces Banianes ont la coupe du visage bien faite, & beaucoup d'agrémens dans la physionomie. De beaux cheveux noirs & bien bouclés, attachés sur le derrière du cou, avec un nœud de ruban, leur donnent de la grace. C'est un meurtre, que le bétel qu'elles mâchent continuellement, leur noircisse les dents & les gencives. Mais elles sont parvenues à persuader aux hommes & à croire elles-mêmes qu'il est beau de les avoir noires. Elles raillent les Européens, qui ont, disent-elles, *les dents blanches comme les chiens & les singes.*

L'éducation des enfans Banians est différente de celle des Mogols. Les garçons apprennent de bonne heure l'arithmétique & l'écriture ; ensuite on les applique à la profession de leur père ; car il est rare qu'ils abandonnent l'état dans lequel ils sont nés. La coutume est de les fiancer à l'âge de quatre ou cinq ans, & de les marier lorsqu'ils en ont dix ou douze. Les cérémonies du mariage sont différentes, suivant les cantons ; mais l'usage constant, est de n'accorder les filles à ceux qui les recherchent, que pour une somme d'argent, ou pour quelque présent. Dans les plus riches familles, il est rare qu'une fille apporte d'autre dot, que ses habits & ses meubles. S'il arrive qu'elle n'ait point d'enfans, le mari peut prendre une seconde & même une troisième femme. Une veuve, au contraire, ne peut plus contracter d'engagement, & est obligée de souffrir qu'on lui ôte ses parures, & qu'on lui coupe les cheveux ; on ne la contraint point de se brûler avec le corps de son mari ; mais on ne l'en empêche point, si elle en a le courage. Si elle ne peut se résoudre à vivre dans le célibat, elle se fait danseuse publique, & c'est ce qui arrive ordinairement.

Le jour du mariage, les deux familles après avoir marché en cérémonie dans les principales rues de la ville, viennent se placer sur des nattes, près d'un grand feu, dont on fait faire deux ou trois fois le tour aux jeunes époux. Le Bramine prononce sur eux quelques paroles, & dans plusieurs endroits, le mari & la femme, pour gage de leur union, se donnent réciproquement une noix de coco, pendant que le Bramine lit ses formules. Le repas de nôce est toujours proportionné à la richesse des familles.

LETTRE CXLVII.

De Surate.

Cette ville, Madame, est située à l'entrée du Golphe sur la rive sud de la rivière nommée Taphi. Dans ce Golphe on est exposé à beaucoup de dangers, à cause du flux & du reflux qui y sont considérables. L'eau se retire quelquefois l'espace de trois milles, & découvre à nû de grandes masses de rochers, où vont périr souvent les vaisseaux.

Surate est encore une des plus

grandes villes de l'Inde & des plus peuplées, quoiqu'elle ait beaucoup souffert des invasions des Maures, de celles des Marates, & qu'elle ait été plusieurs fois la proie du pillage. Ce n'étoit originairement qu'un amas de cabanes de pêcheurs qui se rassembloient sur le bord méridional du Taphi. Dans le treizième siècle, elle n'étoit pas encore connue, que Cambaie étoit déjà célèbre.

Voici les détails que j'ai lus sur son origine dans la bibliothèque du dernier Soubedar mahométan.

Sous le règne de Mamouh Beigreh, cinquième roi d'Amed Abad, sur la fin du quinzième siècle, tous ces pauvres gens qui vivoient de leur pêche, avoient pour chef un homme de leur profession. Celui ci payoit les droits de sa petite aldée à l'Hakem ou Gouverneur de Render, ville située sur la rive septentrionale du Taphi, qui commandoit dans le pays pour le roi d'Amadabath. Les Portugais dans leurs courses, ayant pillé les bords de cette rivière, Suratdji, dont les gens étoient sans défense & avoient souffert considérablement, porta ses plaintes au Roi d'Amadabath. Ce prince s'informa des revenus du territoire de ces pêcheurs, & ordonna ensuite au Gouverneur de Render, d'élever une forteresse qui mît l'aldée de Suratdji à l'abri de toute insulte. Après bien des tentatives en d'autres lieux, les fondemens de cette place furent enfin jettés dans le lieu où elle est maintenant. Le Gouverneur proposa à Suratdji, de donner son nom à cet établissement, pour prix de l'emplacement qu'il lui cédoit. Du nom de Suratdji, ce lieu fut appelé *Surate*. La date que j'ai lue gravée sur le devant de la forteresse, apprend qu'elle ne fut achevée qu'en 1524. La ville s'agrandit lentement. En 1666 elle n'avoit que des murailles de terre, en très-mauvais état. La première enceinte fut faite quelques années après, & la seconde, il y a plus de cinquante ans, sous la Nababie d'Aider-Kouli-Kan; elles ont chacune douze portes, & font défendues par des tours rondes, où font dreffées des batteries de canons.

Surate a été long-tems le feul port par lequel l'Empire Mogol exportoit fes manufactures, & recevoit ce qui étoit néceffaire à fa confommation. Cependant n'imaginez pas que ce port où les vaiffeaux Européens chargent & déchargent leurs marchandifes & où elles font gardées dans des cours & des magafins, foit aux portes de Surate. On ne le trouve qu'à quatre lieues de cette ville, au village de Suhali. C'eft-là que tous les grands vaiffeaux abordent; c'eft de là qu'on eft obligé de faire tranfporter par terre toutes les marchandifes dont ils font chargés. Les facteurs François, Anglois & Hollandois, ont leurs comptoirs à une demi-lieue de la mer, à quelque distance l'un de l'autre. L'entrée de la rade n'est pas bien large, ni le hâvre fort étendu, mais on y est à couvert de tous les vents excepté du sud-ouest, qui oblige de quitter cette côte dans un certain tems de l'année. Un ouragan terrible s'élève une fois par an, & force les marchands à transporter à grands frais, tous leurs effets dans la ville ; il dure quelquefois douze à quinze jours, avec des circonstances si effrayantes, que tous ceux qui habitent les bords de la mer, cherchent un asyle dans les murs de Surate ; si cette ville étoit placée sur le bord de la mer, à l'entrée de la rivière, & que les vaisseaux pussent mouiller seulement à une lieue de distance, il n'est pas douteux que dans peu de tems elle ne devînt la plus peuplée, la plus commerçante & la plus riche de l'univers.

Les Anglois, les Hollandois & les Portugais ont un comptoir dans cette place. La France y entretenoit un consul, qui ne put jamais obtenir d'arborer le pavillon François à sa loge, & qui dans cette dernière guerre a été obligé de se retirer.

Le Nabab fait sa résidence à une lieue de la ville. Tributaire du Mogol, il est esclave des Anglois, qui

qui dirigent toutes ses opérations, & commandent sans avoir l'air d'être Souverains. La citadelle appartient à ces derniers; ils y placent leur pavillon à côté de celui du Nabab, & leurs troupes gardent l'intérieur, tandis que les siennes occupent le dehors. La ville, autrefois moins peuplée, n'exigeoit qu'une enceinte médiocre; depuis que le commerce y a attiré de toutes parts une foule de négocians & d'ouvriers, il a fallu bâtir des fauxbourgs, & les enfermer dans une seconde enceinte.

Cet aggrandissement donne à Surate cinq lieues de tour. Cette ville est bâtie en quarré; mais du côté de la rivière qui fait un détour, elle forme une espèce de croissant. Quoiqu'aujourd'hui on ne trouve point ici tout ce que la plume de plusieurs voyageurs & particulièrement l'auteur de l'Histoire philosophique & politique, nous ont peint dans de brillantes descriptions; cependant Surate offre encore des détails, qui peuvent interesser votre curiosité.

Toutes les maisons sont couronnées d'une plate-forme comme en Perse, & la plupart accompagnées de jardins. La grande place est environnée de beaux édifices; & le château qui la termine, n'est pas un de ses moindres ornemens. Il a pour fossé la rivière même, qui baigne ses bastions & en rend l'approche difficile. L'extérieur de la plûpart des maisons est aussi orné, aussi riche d'ouvrages de menuiserie, que l'intérieur de nos appartemens ; & l'intérieur de celles-là le dispute à ceux-ci pour la beauté des murs, des plafonds, des parquets, qui tous sont revêtus de porcelaine. Une infinité de vases faits de la même matière, donnent aux chambres un air de grandeur, d'opulence, de propreté & de fraîcheur, qu'on ne trouve pas toujours dans les maisons Européennes ; les fenêtres ne sont point de verre, comme dans celles-ci ; ce sont des écailles de crocodile ou de tortue, ou des nacres de perle, dont les différentes couleurs fournissent la lumière la plus variée. La plate-forme, qui termine les maisons, sert à jouir de la fraîcheur du soir ; c'est-là que pour se souſtraire à la chaleur concentrée dans l'intérieur des appartemens, on fait porter les lits.

Outre les édifices publics, tels que l'hôtel du Gouverneur, la douane & les bazars, on en remarque encore d'autres que des négocians de diverſes nations ont fait bâtir dans les plus beaux quartiers de la ville. Les plus magnifiques bâtimens appartiennent aux Hollandois & aux Anglois. Les hôtels de ces deux nations se nomment *Loget* : celui de ces derniers appartient au Grand-Mogol, & est un des plus beaux de la ville. L'empereur de qui les Anglois le louent, n'en reçoit point le prix, mais le confacre à l'embelliffement & aux réparations de l'édifice. Pour moi je loge dans la maifon d'un négociant, à qui je dois bien des connoiffances fur cette ville. Demain nous devons aller nous promener dans tous les environs, qui offrent, dit-on, une variété de beaux tableaux.

LETTRE CXLVIII.

De Surate.

Les dehors de Surate m'ont procuré, Madame, des promenades charmantes, le long des deux côtés de la rivière, dans un terroir fertile. Plusieurs beaux jardins y sont accompagnés de maisons de plaisance. Ces maisons sont d'une blancheur éclatante, couleur très-aimée dans l'Inde, & forment un beau spectacle, qui tranche agréablement avec la verdure. La chaleur de l'air y est adoucie par l'ombre d'une infinité d'arbres & par le voisinage des eaux. Mais les environs de Surate n'offrent rien qu'on puisse comparer à un monastère de Fakirs, qui ont pris soin de rendre cette retraite aussi agréable que commode. Ce monastère voisin de la rivière, est embelli par tout ce que l'art peut inventer pour la perfection de la nature ; aussi les Fakirs qui l'habitent, sont-ils plus fiers que ceux qui habitent d'autres retraites. Ces moines, dont je vous ai parlé dans le cours de mes voyages, sont si orgueilleux de leur habitation, que dernièrement un frère quêteur de ce couvent osa me demander vingt roupies d'aumône. Je lui répondis en riant, si dix-neuf ne lui suffiroient point ? il les refusa, dans l'opinion qu'il n'étoit pas de sa dignité de rien diminuer de sa première demande.

On voit encore, dans le voisinage de cette ville, une assez belle promenade, appelée le *jardin de la princesse*, parce qu'il appartenoit autrefois à la sœur de l'Empereur. Ce sont des allées d'arbres de toute espèce, avec des bassins pleins d'eau, d'où sortent mille petits ruisseaux, qui coulent le long de toutes ces allées. Non loin de-là, est un grand réservoir d'eau, regardé comme un monument rare & comparable aux plus beaux ouvrages de l'antique Rome, pour l'utilité publique. Ce réservoir a un contour de seize angles dont chaque côté a cent pas de longueur, il est pavé de grandes pierres unies, avec des degrés à l'entour, en forme d'amphithéâtre, depuis les bords jusqu'au fond du bassin. On y a ménagé trois descentes en talus pour servir d'abreuvoir ; & au milieu de cette eau, s'élève un bâtiment où l'on ne peut aborder qu'en bateau. On va là pour prendre le frais & s'amuser. Ce grand réservoir se remplit d'eau de pluie ; les habitans de Surate n'en buvoient point d'autre, avant la découverte des puits, qui aujourd'hui en fournissent à toute la ville.

LETTRE CXLIX.

De Surate.

Cette ville, Madame, renferme près de quatre cent mille habitans, commandés par deux Gouverneurs. L'un est purement militaire, & loge constamment au château. Il ne reconnoît point celui de la ville, & a sa jurisdiction particulière.

Le Gouverneur civil est chargé de l'administration des affaires publiques, de la justice, de la police & de la recette des droits d'entrée & de sortie. Rarement s'éloigne-t-il de son palais, où il se tient toujours à portée de recevoir les requêtes des négocians & de régler les affaires qui demandent une prompte expédition. Il a une garde de cavalerie & d'infanterie pour la fûreté de fa perfonne, & pour l'exécution de fes ordres ; mais quand il fort pour prendre l'air, il n'eft le plus fouvent accompagné que de deux efclaves, l'un pour conduire l'éléphant fur lequel il eft affis, l'autre pour l'éventer avec une queue de cheval, attachée à un bâton. Dans les affaires importantes, il eft obligé de prendre l'avis de trois autres officiers, qui rendent compte à la cour de tout ce qui arrive de remarquable & d'important. Ils ont chacun un département particulier; l'un eft verfé dans la connoiffance des loix, & partage avec le Gouverneur le dépôt de l'autorité suprême, dans tout ce qui appartient aux usages civils, de l'empire ; l'autre tient regiftre de tout ce qui arrive journellement ; le troisième est établi pour prévenir, empêcher & punir les désordres. Il fait toutes les nuits trois rondes par la ville, à neuf heures, à minuit & à trois heures du matin. Il est accompagné de domestiques & de soldats armés: les fautes sont punies par quelques jours de prison, & si elles sont graves par des coups de bâton ; s'il se fait quelques vols à la campagne, un officier particulier est obligé d'en répondre. Il a sous ses ordres, une troupe qui fait l'office de nos archers, & qui observe continuellement les grands chemins & les villages, pour donner la chasse aux voleurs.

Il y a encore à Surate un secrétaire d'état nommé par le Grand-Mogol, pour veiller à la conduite des Gouverneurs, & s'opposer aux entreprises de leur avarice. Il est chargé de faire payer les troupes qu'on envoie dans la province, d'examiner la manière dont la justice est administrée, & de rendre compte à la cour du tribut, en marchandises, que déposent, en passant, les navires qui partent tous les ans, pour la Mecque. Le prince retire de ces caravanes quatre ou cinq millions de revenus.

Surate est la ville du monde où

l'on voit le plus d'habitans de diverses nations & de différentes religions, qui toutes jouissent du libre exercice de leurs cultes. Mogols, Banians, Indiens, Arabes, Persans, Arméniens, Turcs, Juifs, François, Anglois, Hollandois, tous les peuples sont-là. Les Mogols sont les plus considérés, soit parce que leur religion est celle du Grand-Mogol & des grands Seigneurs, soit parce qu'ils font profession de porter les armes. Ils nourrissent parmi eux de si grands préjugés, qu'ils ont une sorte d'aversion pour les métiers, & même pour le commerce : ils aiment mieux embrasser un état servile, qu'un emploi honnête. Les Banians, au contraire, amis du travail & de la solitude, se vouent à des états plus penibles. Les Anglois & les Hollandois sont distingués par les beaux établissemens qu'ils ont à Surate. Ils en ont fait une des villes les plus marchandes de l'Orient. Les Anglois sur-tout y ont établi le centre de tout leur commerce des Indes. Ils y ont un président à qui les commis des autres bureaux sont obligés de rendre compte : ils viennent ici, tous les ans, pour cet effet. Cette charge ouvre les moyens d'acquérir la plus grande fortune. Car outre ses honoraires & les émolumens que lui paie chaque vaisseau, ce président a le pouvoir d'exercer le négoce pour son propre compte, dans toute l'Afie. Il a fous lui des officiers fubalternes, qui compofent le confeil. Dans cette affemblée, il a deux voix; c'eſt-là qu'on juge toutes les affaires qui concernent la compagnie & les perfonnes qu'elle emploie. Cette compagnie a un fecrétaire, un miniſtre, des facteurs, des écrivains, des élèves, qui tous font logés & nourris dans le palais, & peuvent, comme le préfident, commercer pour leur profit particulier. Nul de ces commis ne peut paſſer la nuit hors du palais, fans la permiſſion du préfident. Tous les jours ils mangent à une table commune, où chacun fe place felon fon ancienneté. Elle eſt couverte de ce que l'Europe & l'Asie ont de plus rare. Personne à Surate, même les plus grands seigneurs de l'Empire, ne sont servis avec plus de délicatesse & de profusion. On m'a quelquefois fait l'honneur de m'inviter. Je fus témoin dernièrement d'une naïveté d'un Indien, qui avoit eu la curiosité de nous voir à table. Il parut fort surpris de voir, à l'ouverture d'une bouteille de champagne, jaillir le vin avec impétuosité. Interrogé sur le sujet de son étonnement, il répondit : *ce n'est point de voir sortir la liqueur de la bouteille, mais je ne sais point comment on a pu l'y faire entrer.*

Il est peu d'étrangers à Surate, & sur-tout d'Européens, qui ne dînent quelquefois chez les Anglois. Pour satisfaire tous les goûts, ceux-ci ont trois cuisiniers de différentes nations, qui apprêtent les mets, chacun à sa manière. On ne sert jamais de ragoûts François. Les Anglois montrent jusques sur leurs tables, ce sentiment d'animosité qu'ils nourrissent contre nous. Les jours de fête, le président invite tous les officiers de la compagnie à dîner dans quelque jardin hors de la ville. Dans ces promenades il imite & surpasse même le faste des Gouverneurs. Elevé sur un superbe palanquin, soutenu par quatre hommes, il se fait précéder de deux étendards, suivis de plusieurs chevaux de main, richement harnachés. A fa fuite viennent les officiers montés fur d'autres cheveaux d'un auffi grand prix. Et puis tous les domeftiques fuivent à pied, après cette première divifion. Le confeil paroît dans un grand caroffe ouvert, brillant d'or & d'argent, & traîné par des bœufs; & tout cet équipage eft fuivi de la foule des facteurs. Ce cortége qui traverfe toute la ville, infpire au peuple plus de refpect pour le préfident de la nation Angloife, que pour le Gouverneur dont la grandeur s'efface & s'éclipfe devant l'opulence du commerce, comme le luxe de la nobleffe Françoife, devant le fafte infolent de la finance.

LETTRE CL.

De Surate.

Il est tems, Madame, de vous faire connoître les mœurs des habitans de Surate. Dans le premier âge de cette ville, les Banians étoient les seuls qui fissent revivre parmi eux cette simplicité, cette austérité de mœurs, cette fidélité scrupuleuse & toutes ces vertus antiques, qu'on ne trouve plus que dans l'histoire des premiers habitans de la terre. Vous connoissez les Banians de nos jours, vous ne serez point fâchée de connoître leurs pères. C'est à l'aide de ces comparaisons que l'homme profite de ses voyages, & juge des progrès ou des pertes d'une nation. Les Banians étoient renommés pour leur franchise dans le commerce. Quelques momens leur suffisoient pour terminer les affaires les plus importantes. Le vendeur annonçoit, en peu de mots & à voix basse, la valeur de sa marchandise. L'acheteur lui répondoit en mettant une main dans la sienne, qu'il avoit auparavant enveloppée d'un voile. Par le nombre de doigts qu'il plioit ou qu'il étendoit, il figuroit ce qu'il prétendoit diminuer du prix demandé, & souvent la vente étoit conclue, sans qu'on eût proféré une seule parole. Pour la ratifier, les contractans se donnoient une seconde fois la main, & un accord fait avec cette simplicité étoit toujours inviolable.

Leurs enfans, qui assistoient à tous les marchés, se formoient de bonne heure à ces mœurs paisibles; à peine avoient-ils une lueur de raison, qu'ils étoient sagement initiés dans tous les mystères du commerce. Il étoit ordinaire qu'un enfant de dix à douze ans fût en état de remplacer son père. Quel contraste, quelle distance de cette éducation à celle de nos enfans; & cependant quelle différence entre les lumières des Indiens & les nôtres!

Les Banians qui avoient quelques

esclaves Abyssins, ce qui étoit rare chez des hommes si doux, les traitoient avec une humanité, dont le peuple François même auroit peine à se faire une idée. Ils les élevoient comme s'ils eussent été de leur famille, les formoient aux affaires, leur avançoient des fonds, ne les laissoient pas seulement jouir des bénéfices, mais leur permettoient encore d'en disposer en faveur de leurs descendans. Comme ici je vois s'éclipser la grandeur romaine devant la simplicité Baniane ! Les Romains imprimoient sur tout ce qui les environnoit le caractère de leur supériorité, & ne voyoient dans leurs esclaves, que de viles créatures, sur qui ils croyoient avoir le droit de vie & de mort; & les Banians ne voyoient dans ces mêmes esclaves, que des hommes, qu'ils devoient traiter comme leurs égaux & leurs frères.

La dépense des Banians étoit bien au-dessous de leur fortune. Réduits par principe de religion à se priver de viandes & de liqueurs spiritueuses, ils ne vivoient que de fruits & de quelques ragoûts simples. On ne les voyoit s'écarter de cette frugale économie, que pour l'établissement de leurs enfans. Dans ce jour de fête, tout étoit prodigué pour le festin, pour la musique, pour la danse & les feux d'artifice. Leur ambition, folle sans doute, étoit de pouvoir se

vanter

vanter de la dépenfe que leur avoient coûté ces nôces. Elles montoient quelquefois à cent mille écus ; ce qui vous donne une idée de leur richeffe.

Leurs femmes dans leur ménage partageoient ce goût pour les mœurs fimples. Leur unique gloire étoit de plaire à leur époux. Peut-être que la grande vénération qu'elles gardoient à la fidélité conjugale, naiffoit de l'ufage de les engager, comme vous favez, dès l'âge le plus tendre. Ce fentiment étoit à leurs yeux le point le plus facré de leur religion. Jamais elles ne fe permettoient le plus court entretien avec les étrangers. Moins de réferve auroit inquiété des maris qui ne pouvoient concevoir la familiarité qu'on leur affuroit exifter en Europe entre les deux fexes. On n'auroit pu les perfuader, que des manières fi libres n'avoient aucune influence maligne fur les mœurs. Ils répondoient par un figne de tête, qu'ils accompagnoient de ce vieux proverbe : Si l'on approche le beurre trop près du feu, il eft bien difficile de l'empêcher de fondre.

Les *Parfis*, autre peuple de Surate, avec d'autres ufages, avoient un caractère plus doux. C'étoient des hommes robuftes, bien faits & infatigables. Ils étoient propres à tous les travaux, mais ils excelloient fur-tout dans la conftruction des vaiſſeaux & dans l'agriculture. Leur douceur & leur probité étoient telles, que jamais aucun Parſis ne fut cité devant le magiſtrat pour aucun acte de violence, ou quelque engagement de mauvaiſe foi. La ſérénité de leur ame ſe réfléchiſſoit dans tous leurs traits, & une douce gaîté animoit toujours leur converſation. La poéſie rimée les charmoit, & rarement parloient-ils, même dans les affaires publiques & les plus ſérieuſes, autrement qu'en vers. C'étoit un peuple poëte, ce qui ſemble confirmer l'opinion que les premiers hommes ont parlé en vers. Ces Parſis n'avoient point de temple, mais tous les matins & tous les ſoirs, ils s'aſſembloient sur le grand chemin ou auprès d'une fontaine, pour adorer le soleil levant, le soleil couchant. La vue même du plus petit feu interrompoit toutes leurs occupations, & élevoit leur ame à la contemplation de cet astre bienfaisant. Au lieu de brûler les cadavres de leurs morts, comme les Indiens, ils les déposoient dans des tours extrêmement élevées, où ils servoient de pâture aux oiseaux de proie. Leur prédilection pour les sectateurs de leur religion, ne les empêchoit pas d'être sensibles au malheur de tous les hommes : ils les secouroient avec générosité, & leur pitié s'étendoit jusqu'aux animaux. Une de leurs plus grandes passions étoit d'acheter des esclaves, de leur donner une éducation soignée, & de les rendre ensuite à la liberté. Ils étoient si nombreux, si unis & si riches, qu'ils se rendirent quelquefois suspects au gouvernement. Mais ces préjugés furent toujours dissipés par la conduite paisible & mesurée de ce bon peuple. On ne pouvoit le blâmer que d'une saleté dégoûtante, sous les apparences d'une propreté recherchée. Tels étoient les Parsis à leur arrivée aux Indes, tels ils se conservèrent au milieu des révolutions qui bouleversèrent si souvent l'asyle qu'ils avoient choisi, & tels ils sont encore.

Ces Parsis, Madame, qui vers le dix-huitième siècle, vinrent du fond de la Perse s'établir dans le Guzarate, reçurent des loix du prince de ce canton, qui ne consentit à les recueillir dans ses états, qu'à condition qu'ils dévoileroient les mystères de leur croyance, qu'ils quitteroient leurs armoiries, qu'ils parleroient l'idiôme du pays, qu'ils feroient paroître leurs femmes en public sans voile, & qu'ils célébreroient leurs mariages à l'entrée de la nuit, selon la pratique générale. Comme ces stipulations n'avoient rien de contraire au culte qu'ils professoient, les réfugiés les acceptèrent.

L'habitude du travail contractée & nourrie par une heureuse nécessité, les fit bientôt prospérer.

Assez sages pour ne se mêler ni du gouvernement ni de la guerre, ils furent toujours dans une paix profonde. Ils ont toujours formé un peuple séparé par l'attention qui est passée d'âge en âge dans les familles, à ne point s'allier avec les Indiens; & par l'attachement aux principes religieux, qui leur avoient fait quitter leur patrie. Descendans des anciens disciples de Zoroastre, les Parsis connus encore sous le nom de Guèbres, sont tous adorateurs du feu; ils ont un temple, monument de la simplicité de leurs mœurs. C'est une chaumière de paille, qui renferme le feu sacré, continuellement entretenu par leurs prêtres. Ces Guèbres après avoir erré de la Perse dans le Kousistan, du Kousistan dans l'Ormus, de l'Ormus dans le Guzarate, où ils furent jettés heureusement par une tempête, pour remercier leur dieu de les avoir sauvés, élevèrent ce temple, en forme de chaumière, au feu *Behram*. Trop heureux ce peuple, qui ne forme encore qu'une nombreuse famille, si l'ignorance & l'avidité de leurs prêtres n'avoient altéré son caractère.

L'industrie & l'activité de ces nouveaux habitans ne tardèrent pas à se communiquer à la nation hospitalière, qui les avoit si sagement accueillis. Le sucre, le blé, l'indigo & d'autres productions furent naturalisées sur un sol que des rivières avoient jusqu'alors stérilement couvert. On multiplia, on varia, on perfectionna les fruits & les troupeaux. Les campagnes de l'Inde offrirent pour la première fois, ces haies, ces enclos, ces autres agrémens utiles & champêtres, qui embellissent ou enrichissent les contrées Européennes. Les atteliers firent les mêmes progrès que les cultures. Le coton prit de plus belles formes, la soie fut mise en œuvre dans tout le Guzarate ; & voilà les heureuses révolutions, que cette partie de l'Inde dut à l'arrivée des Parsis.

LETTRE CLI.

De Surate.

Combien les Mogols, Madame, s'éloignoient des mœurs pures & austères des autres habitans de Surate. Ces mahométans ne se virent pas plutôt en possession de cette ville, qu'ils s'y embarquèrent en foule, pour aller visiter la Mecque. Beaucoup de ces pélerins s'arrêtoient au port avant le voyage, un plus grand nombre à leur retour. Les commodités qui étoient plus multipliées dans cette fameuse cité, que dans tout le reste de l'empire, y fixèrent les plus opulens. Leurs jours s'écouloient dans l'inaction ou dans les plaisirs. Le soin d'arquer leurs sourcils, d'arranger leurs barbes, de peindre leurs ongles & l'intérieur de leurs mains, faisoit fuir sans ennui, une partie de la matinée. Ce qui restoit de tems étoit employé à monter à cheval, à fumer, à boire du café, à se parfumer, à s'étendre mollement sur des lits de rose, à se bercer les oreilles & l'esprit de la lecture de quelque histoire amoureuse, & à cultiver le pavot, exercice qui avoit pour eux de puissans attraits.

Les fêtes que ces hommes voluptueux répétoient souvent, pour prévenir l'ennui d'une vie trop vide & trop monotone, s'ouvroient par une profusion étonnante de rafraî-

chiffemens, de fucreries & de parfums. Des tours de force ou d'adreffe, ordinairement exécutés par des Bengalis, fuccédoient à ces amufemens paifibles. Bientôt ces tours étoient remplacés par une mufique, qui peut-être auroit bleffé des oreilles délicates, mais qui étoit du goût des orientaux. La nuit qui étoit annoncée par des feux d'artifice, d'une lumière plus douce que les nôtres, étoit remplie par des danfeufes, dont les bandes fe fuccédoient plus ou moins fouvent, fuivant le rang & la richeffe de ceux qui les appeloient. Lorfque la fatiété des plaifirs invitoit au repos, on faifoit entrer des joueurs de violon, qui
. par

par des sons doux, uniformes & souvent répétés, balançoient délicieusement tous les sens fatigués, qu'un sommeil tranquille venoit bientôt endormir.

Jamais les femmes n'étoient admises à ces divertissemens, mais elles appeloient aussi de leur côté des danseuses, & se procuroient d'autres distractions. La préférence, que leurs maris donnoient généralement à des courtisannes, étouffoit dans leur cœur tout sentiment d'affection pour eux, & par conséquent il ne régnoit parmi elles aucune jalousie ; aussi vivoient-elles dans une grande union. Elle étoit telle, qu'elles montroient la plus grande joie, lorsqu'on leur annonçoit une nouvelle compagne, parce que c'étoit une augmentation de société. Cependant elles avoient une grande influence dans les affaires importantes, & un Mogol se décidoit presque toujours par le conseil de son Harem. On nomme Harem, chez les Mahométans, le lieu où vivent les femmes & dans lequel le mari seul a droit d'entrer. Celles des épouses qui n'avoient point d'enfans, sortoient assez souvent pour visiter les parens de leur sexe. Les autres auroient pu jouir de la même liberté, si elles n'avoient préféré l'honneur de leurs fils, singulièrement attachés à l'opinion qu'on a de la sagesse de leurs mères. Elles élevoient ces enfans avec beaucoup de soin & de tendresse, & ne s'en séparoient jamais, pas même lorsqu'ils quittoient la maison paternelle.

Si la magnificence & les commodités pouvoient remplacer l'amour, les Harems auroient été les demeures les plus délicieuses. Tout ce qui pouvoit procurer des sensations agréables, étoit prodigué dans ces retraites inaccessibles aux hommes. L'orgueil des Mogols avoit statué que les femmes qui y seroient admises, recevroient la première fois des présens très-riches, & toujours un accueil accompagné des voluptés propres à ces climats. Les Européennes, dont la familiarité avec l'autre sexe choquoit les préjugés asiatiques, & que pour cette raison on croyoit d'une tribu très-inférieure, eurent rarement la liberté de pénétrer dans cette espèce de sanctuaire.

Une d'elles fort connue & renommée par ses vertus, ses talens & ses graces fut distinguée des autres, & admise dans un de ces Harems : elle ne trouva pas à ces malheureuses victimes cet air embarassé & sauvage que le peu de développement de leurs facultés & l'habitude de la solitude auroient dû leur donner. Leurs manières lui parurent franches & aisées. Quelque chose de naïf & de touchant distinguoit leur conversation. Tant de qualités étoient bien dignes de sortir de l'ombre du sérail, pour paroître & se faire admirer au grand jour.

Quoique les autres nations établies à Surate n'outrassent pas comme les Mogols tous les genres de volupté, elles ne laissoient pas d'avoir des jouissances. Dans une ville, où les édifices publics manquoient généralement de goût & de symmétrie, les maisons particulières n'avoient, à la vérité, aucune apparence; mais on voyoit dans celles des hommes riches, des jardins peuplés des plus belles fleurs, des souterreins pratiqués contre les chaleurs étouffantes d'une partie de l'année, des sallons où jaillissoient dans des bassins de marbre des fontaines, dont la fraîcheur & le murmure invitoient à un doux sommeil ; dans tous les tems, les opulens de l'Inde ont aimé la molleſſe, & ont ſu ajouter à leurs aiſes un rafinement de volupté. Il conſiſte à avoir une demi-douzaine & plus de petits oreillers & couſſins extraordinairement mous, faits d'une eſpèce de coton très-fin, qui vient à de grands arbres nommés ouattiers.

Les riches, eſpèce de ſybarites, ſe couchent ſur pluſieurs de ces couſſins ; ils en ont un ſous la tête, un ſous chaque coude, un ſous chaque poignet, & pareillement ſous les genoux & ſous les talons. Ces oreillers contribuent, dit-on, à tempérer la chaleur. Les Indiens trouvent tant de volupté dans l'usage de ces oreillers, qu'ils en tiennent presque toujours entre les bras. Ils font même partager ce plaisir à leurs divinités ; ils en représentent la plûpart mollement couchées ou appuyées sur des couffins ; tant il est vrai que la religion de tous les peuples offre toujours des traits de conformité avec la nature du climat & le caractère des mœurs. Une des pratiques les plus universelles est de se baigner, & après le bain de se faire masser. Au sortir du bain, lorsqu'on a reposé quelque tems, & qu'une douce moiteur s'est répandue sur toute la surface du corps, un garçon vient, vous presse mollement, vous retourne, & quand les membres sont devenus souples & flexibles, il dilate les jointures sans effort. Il pâtrit pour ainsi dire, la chair & les os sans que l'on éprouve la plus légère douleur.

Cette opération finie, il s'arme d'un gant, & vous frotte long-tems. Pendant ce travail, il détache du corps tout en nage des espèces d'écailles, & enlève jusqu'aux saletés imperceptibles qui bouchoient les pores. A l'aide de ce grand frottement, la peau devient douce & unie comme le satin. Quelquefois pour faire tomber le poil de quelques parties du corps, on fait usage d'une pommade épilatoire, qui dans trois minutes &

sans qu'on éprouve la plus légère douleur, produit son effet aux endroits où on l'applique.

Quand on est bien lavé, bien purifié, on s'enveloppe de linges chauds, & on va se reposer sur un lit. A peine y est-on couché, qu'un enfant ou quelquefois une femme vient presser de ses doigts délicats toutes les parties du corps, afin de les bien sécher, & rape légèrement avec la pierre ponce, les calus des pieds ; puis selon la volonté de la personne qu'on masse, on apporte la pipe & le café moka.

Après toutes ces opérations, la poitrine se dilate, & l'on respire avec volupté. Parfaitement massé & comme régénéré, on sent un bien-aise universel : le sang circule avec facilité, & l'on se trouve dégagé d'un poids énorme. On éprouve une souplesse, une légèreté jusqu'alors inconnues. Il semble que l'on vient de naître, & que l'on vit pour la première fois. Un sentiment vif de l'existence se répand jusqu'aux extrémités du corps. Tandis qu'il est livré aux plus flatteuses sensations, l'esprit, qui en a la conscience, est bercé des plus agréables pensées. L'imagination se promenant sur l'univers qu'elle embellit, voit par-tout de rians tableaux, par-tout l'image du bonheur. Si la vie n'est que la succession de nos idées, la rapidité avec laquelle la mémoire les retrace alors, la vigueur avec laquelle la pensée en parcourt la chaîne immense, feroient croire que dans les deux heures du calme délicieux qui suit ces bains, on vit un grand nombre d'années.

Tels sont, Madame, ces bains dont les anciens recommandoient si fort l'usage, & dont toute l'Inde fait encore ses délices. C'est à l'aide de ces bains & du masser, exercice dont quelques épigrammes de Martial & quelques déclamations de Sénèque attestent l'usage parmi les dames romaines, qu'on donne du ressort aux différentes parties du corps, & une circulation facile aux fluides; qu'on prévient ou qu'on fait disparoître les rhumatifmes, les catarres & les maladies de la peau, qui ont pour principe le défaut de tranfpiration.

Vous concevez que votre fexe, plus délicat & plus fenfible aux douces fenfations, aime beaucoup ici & ces bains & les opérations qui les fuivent. Les femmes, après avoir fubi toutes les préparations ordinaires, fe lavent le corps avec les effences les plus exquifes & les parfums les plus odorans. Souvent dans le tems qu'elles fe baignent ou qu'on les maffe, des chanteufes & des danfeufes viennent exécuter devant elles des danfes & des airs voluptueux, ou raconter des hiftoires amoureufes. Je me réferve de vous parler de ces femmes dans la lettre suivante.

LETTRE CLII.

De Surate.

JE vais, Madame, vous entretenir de ces danseuses ou *balliadères*, nom que les Européens leur ont donné d'après les Portugais. C'est sur-tout à Surate que ces femmes sont en si grand nombre, qu'elles vivent réunies dans des séminaires de volupté. Comme la religion de ces peuples ne leur a point interdit les plaisirs des sens, l'état de ces danseuses est si peu voué à l'ignominie, qu'un des noms sous lequel elles sont très-souvent désignées, est celui de *servantes des dieux*. Elles sont presque les seules femmes de ces contrées, qui apprennent à lire, à écrire, à chanter, à danser & à jouer des instrumens ; ce n'est pas tout, quelques-unes savent jusqu'à trois ou quatre langues. Rassemblées en petites troupes sous la direction de sages matrones, il ne se fait point de cérémonies, ni de fêtes, soit civiles, soit religieuses, où leur présence ne soit un des ornemens presque nécessaire.

Consacrées par état à célébrer les louanges des dieux, elles se font un pieux devoir de contribuer aux plaisirs de leurs adorateurs, qui sont de tribus honnêtes. J'en ai cependant vu, qui par rafinement de dévotion, fe réfervoient pour les Brames & les efpèces de moines mendians, & dédaignoient toute offre & toute careffe profane. Ces fortes de femmes font fi réfervées avec les Européens, que dans prefque tous les établiffemens Anglois ou François, les jeunes gens ont d'autant moins de rifques à courir avec elles du côté des mœurs, qu'elles feroient chaffées de la fociété Indienne, fi elles étoient convaincues d'avoir eu trop d'intimité avec des hommes, qui pour elles doivent être réputés impurs.

L'on a beaucoup parlé de ces Indiennes, mais peu de voyageurs ont été exacts dans leurs relations.

D'abord quant à la forme de leurs ajustemens, elle est leste & voluptueuse, & néanmoins plus décente que celle usitée par la plupart des autres femmes du pays, & fort bien assortie à la couleur de leur carnation ; mais ce qui peut-être donne à leur physionomie un air dur, c'est l'usage qu'elles ont d'introduire sous la peau de leur paupière de la poudre d'antimoine calciné. Par-là, elles prétendent, en fortifiant leurs yeux, leur donner plus d'expression. Du reste, art, richesse & parure, tout conspire au succès de ces femmes. Leurs longs cheveux noirs tombent noblement en tresses sur leurs épaules, ornés de diamans & de fleurs. Les plus précieuses pierreries parent leurs cols & leurs beaux bras. Souvent même elles attachent des bijoux à leurs narines, ornement qui ne les dépare pas autant que vous le croiriez. Aussi ces balliadères, dont l'art de plaire est toute la vie & tout le bonheur, ont à nos yeux la préférence sur ces belles Cachemiriennes, qui remplissent les sérails de l'Indostan, sur les Géorgiennes & les Circassiennes, qui peuplent ceux d'Ispahan & de Constantinople. A l'égard de leurs danses en public & sur-tout dans les établissemens Européens, elles ne se permettent rien de messéant. Leur grand défaut dans ces circonstances est presque toujours une ennuyeuse monotonie. Au reste les ballets qu'elles exécutent sont ou moraux ou guerriers. Dans ceux-ci, le sabre & le poignard à la main, quelques-unes font preuve d'une légèreté & d'une adresse à étonner; mais ce n'est que dans les villes des gentils & des mahométans, & toujours dans l'intérieur des tentes & des maisons, qu'elles sont exercées à être singulièrement immodestes, quoique sans effronterie: alors, bien pénétrées de leur sujet, c'est-à-dire de quelque avanture galante, elles exécutent avec souplesse, prestesse & précision, les danses les plus lascives. Les accords des voix & des instrumens, le parfum des essences & celui des fleurs, peut-être même la séduction des charmes qu'elles dirigent contre les spectateurs, tout vient peu-à-peu porter le trouble & l'ivresse dans les sens. Quelquefois une douce émotion, un feu inconnu semblent les pénétrer : d'abord étonnées, puis agitées & palpitantes, elles suspendent leurs mouvemens, soupirent, & semblent succomber à l'illusion. C'est ainsi que par les gestes, les positions & les attitudes les plus expressives, par des soupirs étouffés ou brûlans, par des regards scintillans ou remplis d'une molle langueur, elles savent exprimer l'embarras de la pudeur, le désir, l'inquiétude, l'espoir, & enfin les nuances & les trépidations de la volupté. Graces à ces prestiges, ce n'est point l'impudence, c'est la nature, c'est l'amour, qui de concert, paroissent avoir soulevé le voile de la timide & naive innocence.

Ces sortes de ballets, ordinairement accompagnés de chants, sont un des spectacles auxquels les dames asiatiques applaudissent le plus dans le secret de leurs maisons : ainsi dans la retraite & le recueillement, elles se forment aux rafinemens de la volupté. Au reste les filles des Grecs & des Romains dégénérés se formoient à toutes ces danses.

On diroit qu'une législation qui a autorisé des usages aussi singuliers, semble avoir favorisé toute sorte de débordemens, ou plutôt les avoir confacrés. Auffi on a vu, fur-tout autrefois, de riches Indiens ne pas fe borner à de pieufes fondations fur les chemins, où fe diftribuent de l'eau cuite, du petit lait, du beurre, & même du riz, mais pouffer leur charité prévoyante, jufqu'à s'occuper de l'entretien des danfeufes, chargées d'égayer, fans rétribution, les différens voyageurs Cependant j'ai vu peu de pays où les mœurs fociales foient plus pures & plus refpectées que dans ces provinces, où l'ame de l'Indien naturel n'a point encore été dépravée par des liaifons trop fuivies avec les étrangers. Ce bon Indien connoît à peine le nom de ces vices infâmes, si communs chez quelques peuples mahométans, gens d'un extérieur austère & réservé. Dans les villages, dans les villes même, la bonne foi, la confiance y règnent au point que la nuit les portes des maisons restent seulement poussées, tandis que la majeure partie des habitans, hommes, femmes, enfans & valets, dorment en paix sous des espèces d'auvents, qui s'avancent en saillie sur le devant des bâtimens. Mais ce que j'ai remarqué sur les grandes routes, caractérise encore plus la simplicité des mœurs Indiennes. Les voyageurs des deux sexes se reposent sous les galeries des hospices publics. Là, une jeune vierge modeste, seule avec sa mère, peut, sans nul danger pour sa vertu, se coucher à deux ou trois pieds de distance d'un voyageur absolument inconnu. Ainsi quoique sous un ciel brûlant, il est donc vrai que parmi ces gentils, dont la seule nature a souvent fait tous les frais de l'éducation, il existe plus de vraie décence & de candeur que chez les Européens, à qui de sages moralistes ont infructueusement inculqué dès l'enfance, que l'incontinence est soumise à l'anathême divin.

Peut-être quelques-uns de ces détails & de ces observations pourront faire sourire l'homme du monde ; mais l'observateur les recueille, le philosophe les rapproche, les compare & parvient, à l'aide de la réflexion, à apprécier les nations sous l'influence des différens climats, & sous le choc des institutions civiles & religieuses.

LETTRE CLIII.

De Surate.

J'Assistai ces jours derniers, Madame, à la célébration d'une fête qui vous paroîtra bien singulière ; c'est la fête des mouches. Tous les ans elle est célébrée par les Indiens, avec toutes les cérémonies religieuses. Ils ne bornent point leur zèle à la conservation de ces insectes qu'ils nourrissent de de fucre, de farine & de tous les fruits Indiens; mais ils leur rendent un culte fuperftitieux dans les pagodes. Cette religion pour les mouches s'étend fur toutes les familles d'animaux. Auffi bœufs, vaches, chevaux, chèvres, chiens, chats & autres animaux malades ou trop vieux pour le fervice, trouvent ici dans un fuperbe hôpital des remèdes à leurs maux & un afyle à leur vieilleffe. L'emplacement qu'occupe cet hofpice, confacré à l'animalité fouffrante, eft fpacieux & divifé en plufieurs parties, qui communiquent & correfpondent entr'elles. Là, tous ces animaux jouiffent de la charité & des vertus hofpitalières des Brames.

Ceux-ci, qui font tous croyans à la métempsycose, s'imaginent & font croire au peuple Banian que l'ame de chacun de leurs ancêtres anime le corps d'un de ces animaux. Aussi, un cheval, un bœuf est-il trop vieux pour traîner la charrue? un Brame le recueille pieusement dans cet hôpital, & lui fonde un lit, où il est bien soigné, bien traité, jusqu'au terme naturel de sa vie. J'y ai vu une tortue de terre haute d'un pied & demi, large de près de onze pouces; c'étoit bien un phénomène de laideur : à peine pouvoit-elle se remuer; on m'assura qu'elle étoit âgée de cinquante ans.

Non loin de cet édifice, on en voit un autre qu'on ne verra jamais chez les peuples de l'Europe, où la propreté règne avec tant d'empire. Mais ici, Madame, où la saleté est souvent une qualité, on ne doit pas être surpris de trouver encore un hôpital fondé pour les puces, les punaises, les poux & toutes les autres vermines, qui se nourrissent de sang-humain. Toutes ces familles, dont toutes les parties de l'Europe & sur-tout la France ont grand soin de diminuer la population, sont grassement nourries avec du riz, de la farine & du sucre, qu'on leur jette de tems en tems par la porte de la salle où elles sont renfermées. Quelquefois pour les régaler, on soudoie un pauvre, qui se vend pour une nuit, dans cette falle, où il laiffe fucer fon fang; là, dans la crainte qu'il ne trouble leur repas & qu'il ne cède à la tentation de les écrafer, ou que la douleur ne l'oblige à fe retirer avant que cette engeance ne foit pleinement raffafiée, on a la précaution de l'attacher nû, de manière qu'il ne puiffe point empêcher ces fales infectes de contenter leur voracité.

Vous ne concevez pas, Madame, le fpectacle varié qu'a offert à ma curiofité le coup-d'œil que j'ai arrêté un inftant fur ces différens animalcules. Les puces fe font préfentées à moi avec cette légèreté & cette vivacité, qui ont toujours fixé l'œil du philofophe naturalifte.

Quand cet insecte veut sauter, car il marche peu, il étend ses six jambes en même tems, qui se débandant ensemble, sont autant de petits ressorts dont l'élasticité lui fait faire un saut si prompt, que vous savez, sans doute, par expérience, qu'on la perd souvent de vue. A l'aide de la loupe, j'ai découvert à ces articulations un petit ressort si merveilleusement délié, qu'il rend la puce capable de sauter deux cents fois au-dessus de la hauteur de son corps. L'attention que j'ai donnée à ces insectes Indiens, me rappelle des phénomènes que j'ai vus en Europe, qui m'auroient paru fabuleux, si mes yeux ne m'en avoient garanti la certitude. Une puce de médiocre groffeur vivoit enchaînée à un petit canon d'argent qu'elle traînoit ; le canon, long comme la moitié de l'ongle, gros comme un ferret d'aiguillette, creux & pefant quatre-vingt fois plus que la puce, étoit foutenu de deux petites roues ; tout ce petit train avoit exactement la figure d'un canon ; quelquefois on y mettoit de la poudre qu'on enflammoit ; eh bien ! tant il eft vrai que fouvent, (comme l'a dit Virgile, & après lui Racine le fils, & après Racine, M. l'Abbé de Lille), *dans un foible corps s'allume un grand courage*, la puce martiale reftoit ferme & intrépide, fans jamais paroître allarmée du feu de l'artillerie. Cette héroïne vivoit solitaire dans une petite boîte veloutée, enfermée dans la poche de sa bonne maîtresse, qui pour la récompenser tous les jours de son courage, la nourrissoit amicalement sur son bras, où la puce suçoit quelques gouttes de sang, sans faire presque sentir la piqûre. Cet insecte s'engraissa ainsi durant un printems, un été & une automne ; car elle avoit les goûts de famille : comme toutes ses sœurs, elle aimoit beaucoup la peau délicate des femmes. Mais enfin cet animalcule qui avoit bravé le feu, se laissa mourir par le froid. J'ai vu un autre phénomène non moins surprenant, chez un ouvrier Anglois, qui avoit construit en ivoire un petit carosse à six chevaux, un cocher sur le siège avec un chien entre les jambes, un postillon, quatre maîtres dans le carosse, avec deux laquais derrière ; & tout ce grand équipage étoit traîné par une puce.

Mais revenons, Madame, à nos hôpitaux : il résulte de ces institutions, que s'il n'y a point de pays où les hommes soient heureux, il y en a du moins où les animaux le sont. Ne voit-on pas en Turquie un hôpital pour les chiens infirmes ? Mais ici où l'homme souffrant, vieux, malade ou infirme, manque d'azile & se voit exposé à la merci de la misère, de la douleur & de la mort, ici où de vils insectes reçoivent des soins & un traitement, qui ne devroient appartenir qu'à l'humanité souffrante, la raison & le cœur du Philosophe s'indignent. Au reste, je suis loin d'improuver ces établissemens hospitaliers, où le bœuf qui couvre nos sillons de ses sueurs, la vache qui nous nourrit de son lait, le cheval qui partage avec nous & les fatigues des voyages, & les dangers de la guerre, le chien, cet ami fidèle, qui veille à la garde de nos troupeaux, de nos habitations & de nos vies même, en un mot, où tous les animaux domestiques, laborieux & utiles, reçoivent, vieux ou infirmes, d'honnêtes invalides. Tous ces êtres qui ne semblent nés que pour nous servir & souffrir, ne devroient naître que dans les lieux où la métempsycose enchaîne l'humanité au devoir sacré de soigner l'animal, & dans ses maladies & dans sa vieillesse. Mais la reconnoissance devroit bien seule & sans le secours des erreurs religieuses, porter l'homme à offrir un lieu de retraite & de soulagement à tous ces animaux officieux, dont il paie les services avec tant de rigueur & d'ingratitude !

LETTRE CLIV.

Malgré ses grandes révolutions & ses malheurs, Surate, Madame, est encore une ville de grand commerce. Tout le Guzarate verse dans ses magasins le produit de ses manufactures innombrables. La plus grande partie est transportée dans l'intérieur des terres ; le reste à l'aide d'une navigation continuelle, va se répandre dans toutes les parties du globe. Parmi les marchandises qu'embrasse son commerce, on compte les coutis écrus, les toiles bleues, qui passent en Perse, en Arabie, en Abyssinie & le long de la côte orientale de

l'Afrique : les toiles de Cambaie, à carreaux bleus & blancs, qui vont fournir des manteaux aux Arabes & aux Turcs : les toiles blanches de Borokia, si connues sous le nom de Bafta, qui servent pour le caftan des Persans : la mousseline à lisière d'or dont ceux-ci font leurs turbans : les toiles peintes d'Amadabath, qui ont des couleurs aussi belles, aussi vives & aussi durables que celles de Coromandel, & qui habillent le Persan, le Turc & l'Européen : les gazes de Baizapour, dont les bleues, en Perse & en Turquie, fournissent le vêtement d'été aux hommes du peuple, & les rouges, aux personnes d'un rang distingué : les chaales, draps
très-

très-légers, très-chauds & très-fins, qui fabriqués avec des laines de Cachemire, & teints en des couleurs variées & difposées en fleurs, couvrent en hyver tous les habitans des contrées Indiennes, où le froid est le plus fenfible; enfin les étoffes mêlées de foie & de coton, unies, rayées, fatinées, bigarées d'or & d'argent, qui, fi leur prix n'étoit pas exorbitant, pourroient, malgré la médiocrité de leurs deffins, plaire à l'Europe même, par la vivacité des couleurs & la belle exécution des fleurs.

Indépendamment de la quantité prodigieufe de coton, que Surate emploie dans fes manufactures, elle en envoie annuellement fept ou huit mille balles au moins dans le Bengale. La Chine, la Perse & l'Arabie en reçoivent beaucoup, lorsque la récolte est abondante : si elle est médiocre, le superflu ne se répand que sur le Gange, où le prix est toujours plus élevé.

En échange de ses exportations, Surate reçoit de la Chine les porcelaines ; du Bengale & de la Perse, les soies, les gommes, les dattes, les fruits secs, le cuivre & les perles ; du Malabar, les mâtures & le poivre ; de l'Arabie, les parfums & les esclaves ; de la Hollande, les épiceries ; de l'Angleterre, les draps, les clincailleries, le fer, le plomb & la cochenille. La balance de ce commerce fournit tous les ans un bénéfice de vingt-cinq ou vingt-six millions en argent.

A Surate, comme dans toutes les grandes villes de l'Inde, un grand nombre de riches banquiers, nommés *Sancais*, font l'agiotage. Ils sont tous du Guzarate, ou originaires de cette province. Ce sont de très-habiles négocians, généralement bien famés ; ils ne font que le commerce de l'argent, prêtent & fournissent des lettres de change sur tous les pays, même sur les lieux où ils n'ont pas de correspondans. Ils se servent alors de commissionnaires particuliers, qui vont porter l'argent là, où ils ont promis de le faire recevoir. Ces porteurs ont en général une grande réputation de probité. L'un d'eux emporta un jour une somme considérable, que lui avoit confiée un banquier de Madras. Le corps des porteurs s'assembla, & pour l'honneur de l'état, délibéra de rembourser la somme; mais en même tems deux d'entr'eux allèrent à Goa où le voleur s'étoit refugié, lui coupèrent la tête & l'apportèrent à Madras, où ils la faisoient voir de maison en maison, afin de ne rien perdre de la confiance dont ils avoient joui jusqu'alors.

Les lettres-de-change sont beaucoup plus anciennes aux Indes qu'en Europe; mais on ne tire point à ordre. Pour éviter les difficultés qu'il pourroit en résulter, on désigne plusieurs personnes qui peuvent recevoir, au défaut l'une de l'autre.

Outre ce commerce d'argent, ces *sancars* font encore celui des pierreries, des perles, du corail & des matières d'or & d'argent. Ils forment des compagnies d'assurance pour les navigations les plus éloignées. Il règne tant de bonne foi parmi eux, que souvent les sacs étiquetés & cachetés circulent de comptoir en comptoir, des années entières, sans être ni comptés ni pesés ; aussi les fortunes sont proportionnées à cette facilité de s'enrichir par l'industrie; les plus ordinaires sont de cinq à six millions.

LETTRE CLV.

De Surate.

L'USAGE insensé & barbare d'ensevelir les vivans avec les morts s'est trouvé établi, Madame, dans l'un & l'autre hémisphère, chez des nations barbares & des nations policées, dans les déserts & dans les contrées les plus populeuses. Des régions même qui jamais n'avoient eu de communication étrangère, ont également offert ce cruel spectacle, l'orgueil, l'amour exclusif de soi, d'autres passions ou d'autres vices peuvent avoir, sous diverses latitudes, entraîné l'homme à la même erreur.

INDOSTAN. 151

Plusieurs pensent qu'une pratique si contraire à la raison descend du dogme de la résurrection des corps & d'une vie à venir. L'espoir d'être servi dans un autre monde, par les mêmes mains dont on recevoit des soins dans celui-ci, fit immoler l'esclave sur le tombeau de son maître, la femme sur le cadavre de son mari.

D'après ce principe, l'idée d'une pareille extravagance n'eut jamais dû égarer les Indiens. Vous connoissez la folle crédulité de ce peuple enfant pour la métempsycose. Comment donc est-il possible que ce système n'ait pas toujours repoussé loin de lui l'idée, qu'une épouse devoit mêler ses cendres aux cendres d'un époux, dont elle resteroit éternellement séparée. C'est une de ces innombrables contradictions, qui par-tout ravalent l'espèce humaine.

Pour moi, j'oserai ici m'écarter de la foule des voyageurs, & assigner à cette institution une cause que je trouve plus près de la nature. Les Indes dans les premiers siècles furent gouvernées par des princes gentils, mariés à des femmes, qu'ils ne préféroient pas toujours à d'autres. Ces princesses, indignées de ce traitement & impatientes de rompre le lien conjugal, empoisonnoient sans scrupule leurs maris, sur-tout lorsqu'ils avoient le malheur d'être vieux. Alors ceux-ci dont la plupart étoient rois, pour punir les coupables & arrêter de pareils attentats, se réunirent & formèrent une ligue. Ils firent paroître & promulguer cette loi, faite pour un peuple antropophage, qui condamnoit toute femme, sans distinction ni d'âge, ni de rang, ni de fortune, ni de conduite, à être brûlée vivante avec le cadavre de son mari ; & pour sanctionner plus fortement ce décret, la religion qui, trop souvent dans tous les âges & dans tous les lieux, s'est empressée à couvrir de son ombre protectrice toute institution sociale, vint encourager ces infortunées à monter sur le bûcher, en leur promettant au-delà, la plénitude de la félicité. Le Brame honoroit de l'apothéose chacune de ces victimes. Il en faisoit autant de petites divinités, qui, toutes recevoient les adorations du peuple Indien. Dès que le phantôme de cette gloire eut exalté l'imagination des têtes Indiennes, une vertu volontaire prit la place d'une nécessité barbare. On vit une foule de femmes jeunes, aimables, riches, vertueuses, & mères souvent d'une nombreuse famille, aller sans contrainte à la mort.

Les veuves Indiennes, dans ce siècle même où l'Europe a porté les lumières de la philosophie sur ces rivages, s'élèvent fanatiquement au-dessus du penchant qui attache tout être sensible à l'existence, & se déterminent fièrement à laisser leur vie au milieu des flammes. Il est vrai que si elles s'y refusoient, elles vivroient déshonorées, dégradées, couvertes de haillons, vouées aux œuvres les plus serviles, & méprisées par les derniers des esclaves. Ces préjugés, sans doute, sont assez puissans pour motiver leur résolution à la mort. Mais ce n'est pas tout : il en est un autre qu'elles respectent bien plus, & qui seul les immole souvent aux mânes de leurs maris ; c'est la crainte de laisser en héritage l'opprobre d'une mémoire odieuse à des enfans, qu'elles aiment d'un amour, que peu de mères Européennes fentent au même degré.

Des voyageurs anciens & modernes, la plûpart étonnés de la tranquillité ftoïque de ces femmes dans ce moment terrible, ont préfumé que les facultés de leur ame étoient engourdies par une forte dofe d'opium. Cela eft vrai de quelques-unes qui fe font repenties, mais trop tard, d'avoir inconfidérément montré leur réfignation au facrifice. Affurément l'ivreffe, la contrainte, les larmes même de la victime en effacent tout le mérite. Séduite par la coutume, par les applaudiffemens & par l'efpérance d'un avenir fortuné, une femme délicate & fenfible, quelquefois à peine sortie de l'enfance, s'arrache librement à ce qu'elle a de plus cher, pour partager le fort d'un corps inanimé, qu'elle a souvent détesté vivant.

Après que les mahométans eurent envahi la plus grande partie des Indes, ils n'osèrent lever la main contre aucun culte, mais ils osèrent tenter de proscrire cette coutume sanguinaire. Comme ils craignirent d'employer la violence, ils se contentèrent de statuer que la contrainte seroit toujours bannie du sacrifice, & qu'il seroit libre à une veuve de mourir avec son mari, ou de vivre après lui sans déshonneur; mais qu'une fois qu'elle auroit donné son consentement, elle ne pourroit plus fe fouftraire au facrifice.

Vous concevez que ces fcènes horribles devinrent tous les jours plus rares. Jamais les Européens ne les fouffrent fur le territoire où ils ont établi leur domination. Quelques princes Maures les ont également bannies de leurs provinces. La permiffion de les renouveller ne s'obtient qu'avec peine, & feulement de quelques Gouverneurs affez lâches, affez affamés d'or pour la vendre. Je n'ofe le dire ! on a vu des commandans Anglois recevoir le prix du fang de ces infortunées ! Et ce prix eft fi élevé, que des femmes fe vouent quelquefois durant leur vie entière, aux travaux les plus rudes & les plus humilians, pour amasser les sommes qui doivent acheter l'autorisation de leur extravagant suicide.

Vous serez bien aise, sans doute, de connoître les cérémonies & les apprêts de ce sacrifice. Les habitans de Surate, portant le cadavre du mari, montent processionnellement le long de la rivière, à un endroit qu'ils nomment *Foulpara*, situé à la distance d'une lieue de la ville, où s'élève une des plus célèbres pagodes de la province. La veuve est menée en triomphe, montée sur un beau cheval, couronnée de fleurs, parée de superbes ornemens, environnée d'une troupe de joueurs d'instrumens, occupés à célébrer son sacrifice, & suivie de tout ce qu'elle a d'enfans, de parens & d'amis, qui par leurs chants & par leurs danses, applaudissent à une héroïne à laquelle ils sont glorieux d'appartenir par les liens du sang & de l'amitié. Quelquefois tout ce cortege va par eau, & alors le cadavre est attaché au bâteau, de manière que la veuve placée sur un siège, puisse appuyer les pieds sur les restes de son mari.

A peine est-on arrivé, qu'on pose le corps sur le bord de l'eau, où la femme vient le laver; elle se lave ensuite elle-même, tandis qu'on est occupé à le porter, non loin de-là, dans une petite cabane de sept à huit pieds quarrés, construite de bois sec, couverte de roseaux & enduite de résine, de soufre, d'huile & d'autres matières inflammables, qui facilitent l'incendie. Dès qu'on y a introduit le mort par une petite porte fort basse, qu'on a toujours soin d'y pratiquer, la veuve sort de l'eau, s'avance chargée de ses habits tout mouillés, & vient faire plusieurs fois le tour du bûcher. Puis elle se tourne vers ses enfans, si elle est mère, vers ses proches, vers ses amis, leur donne en mémoire d'elle, ce qu'elle porte de plus précieux, les embrasse & leur dit un éternel adieu. Aussi-tôt on éloigne enfans, parens, amis & tout ce qui pourroit ébranler le courage de l'héroïne. Elle seule au milieu du vaste silence qui règne à l'entour, entre dans cette cabane, où elle va se réduire en cendres. Là, elle s'assied sur un siège de paille soufrée, en face du cadavre de son époux. Le Bramine vient, lui parle ou lit quelques pages du livre de la loi, & l'encourage en la berçant de l'espérance d'aller se réunir à son époux. Puis il met à la main de sa victime, la torche funèbre & quelques feuillets du livre sacré. Elle, si elle est assez courageuse, ou plutôt si l'image du bonheur éternel que l'homme-prêtre lui promet, l'a séduite & exaltée, va embraser elle-même le bûcher ; si sa main tremblante s'y refuse, le Bramine qui dans ce moment est là ce que le bourreau, en Europe, est dans les hautes exécutions de la justice, saisit cette main, l'approche du bûcher qu'elle enflamme, l'abandonne, sort, ferme la porte, & vient animer la joie & les chants de la foule spectatrice, qui rangée en cercle à l'entour, célèbre en chœur la gloire & le bonheur de la victime.

La première fois que j'assistai à une de ces scènes tragiques, je me sentis ému & attendri jusqu'au fond du cœur, à la vue de la victime. C'étoit une jeune veuve, qui ne comptoit pas deux ans de mariage. Je la vis tenant déjà sur ses genoux la tête de son mari, & même relevée pour mettre le feu au bûcher, lorsque tournant la tête tout-à-coup, elle apperçoit dans la foule l'enfant qu'elle allaitoit; à cette vue elle s'arrête un instant, & demande à l'embrasser encore; on lui porte cet être innocent, qui, par ses larmes, par ses cris & par les mouvemens impatiens de ses petits bras, sembloit demander & reconnoître le sein qui le nourrit. La mère l'embrasse, le presse contre son cœur, son courage parut un moment s'ébranler; elle alloit céder à l'attendrissement, lorsque honteuse de cette foiblesse, elle oublie qu'elle est mère, repousse l'enfant, court à la torche, embrâse le bûcher & s'y jette.

Dernièrement la veuve d'un Bramine a voulu renouveller cette tragédie à Surate ; on s'est refusé à ses instances. Cette femme indignée a pris des charbons ardens dans ses mains, & paroissant supérieure à la douleur, elle a dit avec un accent ferme au Nabab : *Ne considère pas seulement les foiblesses de mon âge & de mon sexe: vois avec quelle insensibilité je tiens ce feu dans mes mains ; sache que je porterai la même fermeté au milieu des flammes.*

Quelques observateurs peu philosophes, séduits par ces exemples de stoïcité, ont confondu l'exaltation du fanatisme avec le courage, qui n'est que la force naturelle de l'ame, ordinairement proportionnée à la force du corps. De-là l'homme, entre les zones tempérées, naît généralement plus robuste ; ses muscles sont plus fortement prononcés que dans la zone torride. Il y reçoit communément un caractère mâle, inquiet & ferme, tandis que dans celle-ci, son organisation plus foible, sa fibre plus sensible & sa tête plus prompte à s'exalter, rendent son enfance plus facile aux impressions du fanatisme & des préjugés. Dès-lors réflexion, sentiment, justesse des perceptions, tout s'anéantit ou plutôt se dénature par l'excès même des sensations. La vraie valeur n'est donc que la fille naturelle du tempérament, développé par une bonne éducation. Calme, égale & sensible, sa physionomie conserve les mêmes traits dans toutes les situations. L'Inde ainsi que le reste de l'Asie, malgré la stoïcité de ses veuves, enfante rarement des hommes d'un vrai courage.

LETTRE CLVI.

De Bombaï.

Depuis ma dernière lettre, Madame, j'ai traversé tout ce pays, qui s'étend depuis les limites de Surate jusqu'à Bombaï. Il est habité par des Marates, qui y forment une population très-nombreuse. Toute cette partie de la côte est bien fortifiée & agréablement bordée de jardins. Nulle terre en friche n'accuse de paresse les classes agricoles. Les végétaux cultivés avec soin offrent de toute part l'agréable variété de leurs nombreuses familles. Les cocotiers, les bananiers & les cannes à sucre, croissent & s'élèvent dans des jardins fertiles, arrosés par une quantité de puits à roue, tournés par des bufles. Mais dans une partie des terres intérieures, le terrein est dévoré d'une extrême sécheresse, pendant les six mois du beau tems. Ce même terrein, pendant les six mois de pluie, se verdit d'une végétation & d'une foule prodigieuse d'herbes, qui lui donnent l'apparence d'une vaste prairie. On ne connoît presque

presque point les brouillards; le sol est d'abord trop humide & puis trop sec, pour leur donner naissance. Les dattiers, les palmiers sauvages ombragent la plaine. Ces arbres, dans tous les âges, ne donnent d'autre production que leur sève, dont on fait une boisson assez bonne & même de l'eau-de-vie. Leurs bois & leurs feuilles servent à la construction & aux toîts des maisons. Tout le sol n'est cependant pas en prairie, ou planté de ces arbres. Les moissons de maïs, de riz & d'autres menus grains, occupent l'autre partie du terrein. Cette quantité d'herbes, que fait pousser la saison pluvieuse, amoncelée & brûlée dans les champs de riz, fertilise la terre par ses cendres. On ne sème point le riz comme nous semons le blé : d'abord l'Indien le seme dans un terrein bien fumé, d'où, après que le grain s'est élevé à une certaine hauteur, il le transplante dans les champs. Vous savez que ce même usage s'observe pour la culture de ce grain, en Espagne, en Italie & presque par-tout.

L'agriculture rend ici l'homme laborieux. Elle y est encouragée par la classe distinguée des citoyens; ceux-ci, pour diminuer la sécheresse du sol, pendant la belle saison, ont fait creuser des puits très-profonds & bien bâtis, où l'on descend par des escaliers très-larges. On a constitué une rente qui fournit à la réparation annuelle de ces puits, à l'entretien des gardes & à l'acquisition des ustensiles nécessaires à puiser l'eau & à abreuver les animaux agricoles.

La nécessité a forcé les habitans à creuser dans d'autres lieux, de grands étangs très-vastes, où les eaux de la pluie se ramassent, & fournissent à la boisson de ce peuple, dans les mois de sécheresse.

Le règne animal offre ici des tigres, des chiens sauvages, des singes, des tourterelles, des paons, des perroquets, quelques petits oiseaux & une foule prodigieuse de corneilles, qui sont si familières, que souvent elles viennent, hardis parasites, enlever sur la table une portion du dîner. Les autres peuplades d'animaux cherchent les bois & la fraîcheur des montagnes voisines.

Les maisons, dans les campagnes, sont d'une grande simplicité; quelques branches de bambou, de palmier, d'osier & de foin, cimentées avec du limon, en fournissent les matériaux. Mais les maisons, dans les villes, ont un air de noblesse. Elles n'ont cependant que deux étages, dont chacun est composé de trois larges gradins en amphithéâtre, sur le plus haut desquels on trouve deux petits cabinets, destinés à enfermer les choses les plus précieuses. Au milieu du dernier gradin, est un grand espace couvert de riches tapis; & fur le premier eſt ouvert un large baſſin. La face du bâtiment eſt foutenue par de hautes colonnes. Les trois autres côtés en dehors, font entourés d'une galerie. Le pavé de ces maiſons eſt fait de pierres molles, pilées & liées avec du plâtre, de l'huile & du blanc d'œuf. Ce ciment bien battu eſt tellement uni & liſſé, qu'il n'eſt plus qu'une pierre de vernis, d'une beauté dont nos parquets n'approchent pas. C'eſt une eſpèce de ſtuc, qui imite aſſez bien le marbre, & dont le luxe moderne fait un ſi grand uſage.

LETTRE CLVII.

De Bombai.

Vers le midi du pays dont je viens de vous parler, Madame, j'ai parcouru plusieurs lieux qu'il est important de vous faire connoître. D'abord après avoir quitté Surate, je m'arrêtai à Bacaim, grande ville en terre ferme, située au nord-ouest de l'île de Salcète. Elle jouit d'une bonne rade, où l'on construit des bâtimens pour le commerce de la côte & celui de l'Arabie. Le peu de tems que j'ai passé ici m'a cependant suffi, à l'aide des observations & des connoissances que j'ai recueillies de plusieurs personnes instruites, pour vous donner le portrait de la simplicité policée des habitans de Bacaim. Ici, comme dans toutes les parties de l'Inde, les religions sont différentes, & les usages varient selon cette diversité de cultes. Les Portugais sont paresseux & vains : les Mahométans, toujours fiers, se croient au-dessus de toutes les autres nations : les Perses ou Guèbres sont industrieux, mais très-intéressés : & les gentils, surtout les Brames, ont des mœurs simples, & mènent une vie douce, régulière & paisible. Eux seuls occupent tous les hauts emplois, & cependant ils ne montrent jamais de la fierté.

Les maisons du gouvernement & de la justice sont ouvertes à tout le monde : les chefs de l'un & de l'autre se montrent aussi accessibles au dernier citoyen, qu'à l'homme de la classe la plus distinguée. Le Soubedar fait tout par lui-même : je l'ai vu quelquefois, avec un linge autour de la ceinture pour tout vêtement, écrire sur ses genoux, les jambes croisées sur un tapis, à la manière des tailleurs, & donner audience à un peuple immense, qu'il écoutoit tour-à-tour avec une bonté paternelle.

J'avois bien de la peine à allier cette simplicité avec la puissance du Souverain, dont je concevois l'opulence à la vue de cette innombrable population, de ces forteresses, de ces troupes militaires, de cette immensité de terres cultivées avec tant de soin, & de toutes ces autres circonstances, qui annoncent la grande opulence d'un état policé.

Pour mieux connoître les usages & les coutumes nationales, je pris le parti d'imiter la manière de vivre des naturels du pays, excepté dans ce qui concerne la religion. J'habitois des jardins où je menois une vie douce & uniforme; du riz, des fruits & des légumes, que je cueillois & apprêtois moi-même, faisoient tous les frais de ma nourriture. Je tâchois de diminuer l'extrême chaleur du sang, trop agité par les fatigues du voyage, en buvant la première eau du riz, cuit à l'Indienne. Cette eau, épaissie à un certain point, est aussi douce que le meilleur lait. C'est à l'aide de ce sage régime que j'ai échappé à toutes les maladies, fléau ordinaire du plus grand nombre des Européens, qui veulent toujours, sous d'autres latitudes, conserver le grand usage des viandes & un genre de vie contraire à la nature de ces climats.

Deux pièces de coton, dont l'une pendoit autour de ma ceinture & l'autre montoit sur mes épaules, formoient tout mon vêtement ; j'avois laissé croître ma barbe à la façon des grands ; j'allois souvent comme eux, la tête & les pieds nûs. Les jours de cérémonie, je portois une robe longue à la marate, blanche, plissée à la ceinture, un turban & des souliers à la Maure. Mon costume étoit à-peu-près celui des Ambassadeurs de Tipo Saib, que vous avez sans doute vus cet été. A la vérité je ne pouvois malgré ma métamorphose, cacher pour ainsi dire, mon *Européisme*. Car mon teint, bien qu'il soit très-méridional, étoit cependant fort clair, à côté d'un visage Indien. Aussi les premiers jours que je me promenai dans les rues, le peuple me disoit dans son langage : c'est un enfant naturel de l'Europe, qui veut se faire légitimer dans l'Inde.

Jamais je n'ai coulé des jours plus heureux : ils se passoient à lire, à me promener, à cultiver mon jardin ou à soigner des chèvres & des volailles, qui souvent faisoient fuir, avec trop de vîtesse, la plus longue matinée. Quelquefois j'allois au village, faire un petit dîner avec mes amis, & le soir je revenois à petits pas, dans ma paisible retraite, où je passois la nuit couché sur des nattes, dont la fraîcheur amenoit bientôt un doux sommeil.

Telle fut ma vie durant mon séjour entier. Cette conduite analogue à celle des Brames, étoit si différente de celle qu'y mènent les Européens, qu'elle m'avoit donné la réputation de pénitent. Les chrétiens & les gentils me regardoient avec vénération. J'étois appelé à toutes les fêtes, on s'empressoit de lier connoissance avec moi. On m'apportoit comme à une divinité, qu'on croyoit communiquer avec le ciel, les prémices de tous les fruits. Enfin, par-tout j'avois mes entrées libres, & recevois un accueil & des honnêtetés, que je n'aurois jamais cru trouver hors de l'Europe. Par-tout je voyois régner la même hospitalité & la même confiance. Jamais je n'entendois parler d'un vol; & cependant les maisons, même dans l'absence des habitans, sont toujours ouvertes. Je crois qu'une pareille sûreté règne par-tout où une égalité de rang & de richesse met toutes les familles à-peu-près de niveau.

LETTRE CLVIII.

De Salcète.

Non loin de Bacaïm, Madame, j'ai rencontré l'île de Salcète, qui n'est séparée de Bombai que par un bras de mer, d'une très-petite largeur. Il arrive même souvent que les déserteurs Anglois s'évadent à la nage par ce détroit, pour se retirer dans les forts de Varsove & de Bandora, qui appartiennent aux Marates.

Salcète peut avoir huit lieues de

longueur; elle n'est pas aussi fertile que la terre ferme. Le pays naturellement montagneux n'offre pas un grand nombre de jardins. Mais la nature y est belle & riche. Elle pare les campagnes de mangliers & de plusieurs arbres à fruits couverts de petites fleurs, dont l'odeur embaume l'air.

Au centre de l'île, gissent encore les restes d'un monument antique, dont la crédulité Indienne attribue la fondation à Alexandre. La plus grande partie des ouvrages, qui paroissent au-dessus de la force & du courage actuels des hommes, passent dans l'Inde pour avoir été bâtis sous le règne de ce Héros.

Dans cette île, outre les forts que je vous ai nommés, on voit encore le village de Malart, où réside un Alvadar ou Commandant. Cet Alvadar, lorsque j'abordai sur ces rivages, après m'avoir fait les complimens de bien-venue, demanda à la personne chargée de me présenter quel étoit celui qui me serviroit de caution de bonnes vie & mœurs. Cette question suffit sans doute pour vous donner une idée de la bonne police qui règne parmi ces insulaires.

Tout-à-fait à l'est, sur un canal qui sépare l'île de la terre ferme, est assis le village de Tana, assez bien fortifié & renommé par la résidence du Soubedar du Gouverneur de la province.

Cette île avoit appartenu aux Anglois, avant que les Marates s'en fussent rendus maîtres. Pendant les dernières guerres du Décan & les premières conquêtes d'Aider-Ali-Kan, les Anglois jugèrent la circonstance favorable pour s'emparer de l'île de Salcète ; mais cette conquête se trouva moins aisée qu'ils ne l'avoient espéré. La citadelle fut défendue avec une intelligence & un courage extraordinaires dans ces contrées. Sommé de se rendre, le vénérable Gouverneur, âgé de quatre-vingt-douze ans, répondit : *Je n'ai pas été envoyé pour cela* ; & on vit alors ce généreux vieillard redoubler & d'activité & de courage. Ce ne fut qu'après qu'il eut été tué, après que ſes braves compagnons eurent ſoutenu encore un aſſaut très-meurtrier, que les troupes Britanniques entrèrent dans la place, le 28 Décembre 1774.

Alors ſeulement les vainqueurs ſe virent en poſſeſſion d'un territoire, qui, à la vérité, n'a que vingt milles de long ſur quinze milles de large, mais qui eſt un des plus peuplés & des plus fertiles de l'Aſie. La fécondité des terres répond à l'aſpect ſous lequel cette île ſe préſente du côté de la mer.

Depuis que les Marates s'en ſont emparés, les moines Portugais &

les autres prêtres Européens se sont retirés à Goa. Les curés Canarins occupent les débris des couvens & des églises, sous l'inspection d'un vicaire général.

L'île de Salcète est sur-tout renommée par ses montagnes, dont la longue chaîne s'étend du nord-nord-est vers le sud-sud-est. Suivi de mes compagnons, j'ai entrepris un pélérinage dans l'intérieur de ces montagnes, dont la description intéressera sans doute votre curiosité. Nous partîmes à la pointe du jour, & après avoir fait environ un mille, nous fûmes obligés de mettre pied à terre à cause des marais & des mauvais chemins. Partie en marchant, partie en grimpant, nous nous acheminâmes vers l'entrée d'une caverne voûtée, haute de cinquante pieds, ornée de trente-deux piliers, chacun de vingt-sept pieds de hauteur & de huit de circonférence. La longueur de la caverne est de quatre-vingt pieds, & sa largeur de vingt-un, d'un pilier à l'autre.

Dans le fond de la caverne, nous avons vu un pilier très-large, arrondi dans le haut, & posé sur une base de cinquante pieds de circonférence. C'est autour de ce pilier que les Marates répandent des fleurs & remplissent les devoirs de leur religion.

On entre dans cette caverne par un portique long de trente-six pieds

& large de quinze. A chaque extrémité font placées deux figures de vingt-huit pieds de hauteur, & dont le corps est tout nû. Seulement une robe leur descend de l'épaule jusqu'à la cheville. On voit encore un grand nombre de petites figures, qui sont autant d'idoles adorées par les Marates.

Nous quittâmes cette caverne ; & après avoir passé par plusieurs autres taillées en petites chambres carrées, & avoir grimpé sur des rochers d'un accès très-difficile, nous nous trouvâmes dans une espèce de varangue, longue de soixante-quinze pieds, large de douze, & foutenue par neuf piliers. Nous vîmes d'abord une petite pagode;

& puis nous entrâmes dans une salle de soixante-trois pieds de large sur autant de profondeur.

Auprès de toutes ces cavernes, sont de petites cîternes, creusées dans le roc, & remplies de très-bonne eau.

La montagne entière, qui paroît la plus haute de Salcète, est un seul roc. Les cavernes, qu'on voit là autour, sont en si grand nombre, que trois jours entiers ne suffisent point pour faire connoissance avec tout ce qu'elles offrent à la curiosité. On en voit qui sont creusées, l'une au-dessus de l'autre jusqu'à quatre étages. Nous n'avons pu savoir jusqu'à quelle profondeur elles pénétrent dans la montagne.

Entre les passages difficiles, on trouve encore des traces de degrés taillés dans le roc, dont la plupart usés par l'action du tems ne permettent que difficilement de grimper d'une caverne à l'autre.

Debout sur cette montagne, nous embrassâmes un horison & une vue au-dessus de toute description. Nous ne pûmes long-tems promener l'œil & la pensée sur les creux & les précipices ouverts de tous côtés, autour des flancs de la montagne, sans craindre & sans trembler. Au bas du roc, s'étend une vallée, dont la surface immense & régulière est tapissée d'une belle végétation, & ombragée d'un superbe berceau de verdure. A côté de cette allée, serpente une rivière qui va se perdre dans les montagnes. Au-delà de la rivière, se découvre une belle plaine que termine la mer. Des grouppes de montagnes & de roches très-élevées remplissent les autres côtés, où des gouffres effrayans & des descentes escarpées aboutissent jusqu'au fond de la vallée, & précipitent le voyageur imprudent dans la mort. Là, nous fûmes accueillis d'un vent de terre, dont la froideur & la violence extrêmes, ajoutées à la peine que nous avions de nous tenir dans une position ferme, sur ce terrein rocailleux, nous firent bientôt regagner le sommet de la montagne. Après y avoir fait une assez longue station, nous dirigeâmes notre courfe vers la montagne de Kéneri. Celle-ci s'élève au centre de l'île ; fes flancs s'entr'ouvent en excavations vaftes & profondes, cieufées dans le roc vif. Là font des pagodes fouvent rangées de fuite, quelquefois élevées l'une fur l'autre, & toujours ornées de figures & d'infcriptions, taillées ou gravées fur la pierre. Prefque toutes les montagnes de Salcète offrent les mêmes fingularités.

Des monumens auffi étonnans, & dont l'antiquité paroît remonter au premier âge du monde, ont donné naiffance à une foule innombrable de fables. Le vulgaire toujours fuperftitieux croit qu'ils furent l'ouvrage, il y a cinq cent mille ans, des divinités d'un ordre inférieur. Quelques Biames en font honneur au grand Alexandre, qu'ils aiment à croire l'auteur & l'architecte de tout ce que leur pays offre de grand.

A travers le cahos des contes & des rêveries, que l'imagination Indienne aime à créer, il est impossible de découvrir rien de fixe, ni sur l'époque de la construction de ces ouvrages, ni sur l'usage auquel ils furent destinés. Quand je considère leur solidité & leurs fortifications, je suis près de croire qu'ils servoient de place forte à quelque nation antique. Une ancienne histoire des Indes orientales, imprimée en Portugal, attribue ces monumens à un prince gentil, qui fit creuser ces cavernes pour souftraire son fils unique aux efforts qu'une nation voisine faisoit sans cesse pour l'attirer à sa religion. Quelle qu'en soit l'origine, il est certain qu'elles ont été l'ouvrage d'une longue suite d'années & d'un grand nombre de bras, & que le spectateur le moins exalté ne balancera point à les placer au rang des merveilles du monde.

Non loin de Salcète, Madame, se présente l'île d'Elephanta, qui appartient aussi aux Marates. Elle prend son nom de la figure du dieu Gonnis, représenté dans plusieurs endroits de l'île, sous la forme d'un jeune-homme, qui a une tête d'éléphant. Ici on voit encore des monumens du même genre que ceux dont je viens de vous donner la defcription.

On remarque fur-tout un temple bâti fur une hauteur au milieu d'une montagne, où il eft taillé dans un roc. Sa longueur d'environ cent vingt pieds s'étend à-peu-près fur une égale largeur, fans compter les appartemens & les chapelles qui occupent les deux côtés du temple. L'entrée principale eft en face du nord, & fur une belle efplanade faite de main d'homme, d'où l'on jouit d'une fuperbe vue fur la mer & fur les îles voifines.

Par-tout on découvre des figures

humaines taillées dans le roc, mais qui en sont tellement détachées, qu'elles n'y adhèrent que par le dos. Ces statues ont quelquefois une hauteur de treize pieds.

Les habitans d'Elephanta, qui forment environ une centaine de pauvres familles, se soucient peu du temple. Ils ne montrent de la vénération que pour une de ses petites chapelles, qu'ils vont visiter tous les jours. Ces bonnes gens n'ont pu me rien apprendre de positif sur l'antiquité de leurs monumens. La crédulité populaire a voulu me persuader, qu'un soir il arriva par mer des gens, qui, toute la nuit, travaillèrent à ce temple, & que le lendemain matin ce beau monument, l'ouvrage sans doute de plusieurs années, sortit de leurs mains tout achevé.

LETTRE CLIX.

De Bombai.

ME voici, Madame, de retour à Bombai, où je compte séjourner encore une semaine. Cette île n'a guère que vingt ou vingt-cinq milles de circonférence, sur un demi-mille de largeur, & sur deux de longueur. Elle est généralement peu abordable, même du côté de la baie, sur-tout durant la basse mer. Le sol offre des inégalités en beaucoup d'endroits. Mais quoique peu élevé, il est à pic ou bordé de rochers. C'est un composé de graviers, de roches, mêlés d'un peu de terre. Mais le port qui est grand & à l'abri de tous les vents, & le seul sûr & commode dans toute la terre ferme de l'Inde, a rendu cette île habitable.

Elle a été assez long-tems sans population. On la regardoit comme un séjour d'horreur ; personne ne vouloit se fixer sur un terrein si mal sain ; il étoit passé en proverbe, que *deux moussons à Bombai étoient la vie d'un homme.* Les campagnes étoient alors remplies de bambous & de cocotiers ; c'étoit avec du poisson que l'on fumoit les arbres ; des marais infectés corrompoient les côtes. Ces principes de destruction auroient bientôt dégoûté les

Anglois, s'ils n'y avoient été retenus par le meilleur port de l'Indostan, & le seul qui avec celui de Goa, peut recevoir des vaisseaux de ligne. Un avantage aussi particulier leur fit désirer de pouvoir donner de la salubrité à l'air; & l'on y réussit aisément en ouvrant plusieurs canaux, qui ont procuré un écoulement à toutes les eaux jusqu'alors stagnantes. A l'aide de cette précaution & du desséchement des marais, l'air est devenu plus sain. Aussi les habitans des contrées voisines, attirés tant par la douceur du gouvernement que par celle du climat, que tempèrent les vents rafraîchissans de la mer & les pluies abondantes, se sont portés en foule dans cet établissement, où tous les habitans jouissent sous la domination Angloise, d'une entière liberté de conscience, avantage qui tous les ans en grossit le nombre. Un Anglois, qui n'a pas encore vingt ans de séjour dans Bombai, m'a assuré que lors de son arrivée, cette île comptoit à peine soixante-dix mille habitans, & qu'aujourd'hui il est très-sûr qu'elle en nourrit plus de cent quarante mille, dont les Européens ne forment qu'une petite partie. Le plus grand nombre sont ou des Indiens catholiques, que l'on appelle *Portugais*, ou des Indiens du pays de toute sorte de castes. Il y a encore des Mahométans de plusieurs sectes,

& des Parsis ou Guèbres, anciens adorateurs du feu. Tous les sectateurs de ces différentes religions vivent si bien ensemb'e, que non-seulement chacune d'elles exerce librement & en paix son culte dans les temples, mais qu'elles font même leurs processions en public, sans qu'elles soient troublées les unes par les autres.

Parmi cette foule d'habitans, il en est sept ou huit mille qui sont matelots. Quelques manufactures de soie & de coton en occupent un petit nombre. Comme les grandes productions ne peuvent pas prospérer sur un roc vif, la multitude a tourné ses soins vers la culture d'un excellent oignon, qui, avec le poisson sec, se vend dans les marchés les plus lointains. Ces travaux ne s'exécutent pas avec l'indolence accoutumée sous un ciel ardent. L'Indien s'est montré susceptible d'émulation ; son caractère a été changé en quelque sorte, par l'exemple des infatigables Parsis. Ces derniers, dont je vous ai déjà parlé, ne sont pas ici seulement pêcheurs & agriculteurs. La construction, l'équipement, l'expédition, tout ce qui concerne la rade ou la navigation, est confié à leur active industrie.

Avant 1759, les bâtimens expédiés d'Europe pour la mer Rouge, le Golfe Persique & le Malabar abordoient ordinairement aux côtes où ils devoient déposer leur argent & leurs marchandises, & recevoir leur chargement. A cette époque, tous se sont rendus, tous se sont arrêtés à Bombai, où l'on réunit sans frais les productions des contrées voisines, depuis que la compagnie Angloise, revêtue de la dignité d'Amiral du Grand-Mogol, est obligée d'avoir une marine, & une marine assez nombreuse, dans ces parages.

Depuis cent ans, Bombai appartient à la compagnie Angloise des Indes orientales, qui a établi dans cette île une régence, dont dépendent toutes les factories qu'elle possède le long de cette côte, depuis Ceylan jusqu'à Basra.

Il

Il a donc été nécessaire que dans un pareil entrepôt, les chantiers, les navires & les négocians se multipliassent. Aussi cette île s'est-elle rapidement emparée de toute la navigation, & d'une grande partie du commerce, que Surate & les autres marchés d'alentour avoient fait jusqu'alors dans les mers de l'Asie.

Pour donner de la stabilité à tous ces avantages, on a entouré de fortifications le port, qui est le centre & le mobile de tant d'opérations, & où viennent se radouber les escadres que la Grande-Bretagne envoie sans cesse sur l'océan Indien. Ces ouvrages d'une construction solide n'ont d'autre défaut que d'être trop étendus. Ils ont pour défenseurs douze cens Européens, & un plus grand nombre de troupes Asiatiques.

Le plus important & le plus considérable des ouvrages que les Anglois ont exécutés à Bombai, est sans doute le drek, espèce de rade, où les vaisseaux sont en sûreté. On y peut raccommoder à-la-fois plusieurs bâtimens. La marée y monte, les jours de la nouvelle & de la pleine lune, depuis seize jusqu'à dix-huit pieds. La déclinaison de l'aiguille aimantée est d'environ deux degrés vers l'ouest.

Quant à la ville de Bombai, elle est située au midi de l'île, où son étendue est à-peu-près d'un quart de mille de longueur sur très-peu de largeur. D'assez bonnes fortifications la ceignent du côté de la mer, où l'on voit les restes d'un vieux château. Elle est moins défendue du côté de la terre, où elle n'est entourée que d'un simple mur garni de très-petits bastions, mais bordés par un large fossé, & par un glacis bien entretenu, avec des rivelins devant ses trois portes. La pierre qu'on a employée pour toutes ces fortifications & qui se trouve dans l'île, jouit de la rare & excellente qualité d'être molle dans la carrière, où on la taille aisément, & de se durcir exposée à l'air.

LETTRE CLX.

De Bombai.

Vous ne concevez pas, Madame, la grande mortalité qui règne ici tous les ans parmi les Européens, & sur-tout parmi les Anglois. Ceux-ci sont ordinairement frappés d'une mort subite, dont il faut principalement attribuer la cause à leur manière de vivre. Ils mangent, sous un ciel brûlant, des viandes trop succulentes, du bœuf & du porc, que les anciens législateurs n'ont pas défendus sans de bonnes raisons aux Indiens. Ils boivent des vins de Portugal extrêmement forts & très-échauffans, & cela sans scrupule, même aux heures de la plus grande chaleur. Ils portent d'ailleurs à Bombai, comme en Europe, des habits étroits, qui ferrant trop chaque partie du corps, gênent la circulation du fang, & les rendent beaucoup plus fenfibles à la chaleur, que ne le font les Indiens avec de longs habits flottans. Les Européens aiment auffi à découvrir la poitrine, ce qui les expofe à des rhumes dangereux. On ne peut douter que le régime des orientaux ne convienne beaucoup mieux à la fanté, même pour tout étranger habitant de l'Inde. Ils déjeûnent affez bien le matin, & ne font leur principal repas, qu'au coucher du foleil ; ils s'abftiennent de viande ou en mangent peu, & boivent rarement des liqueurs fortes. Le foir à l'air, ils fe couvrent la tête & la poitrine. C'eſt par ces fages précautions que l'Indien arrive à une extrême vieilleſſe.

Les Européens & leurs deſcendans occupent le midi de l'île. Leurs maiſons font belles & bien bâties; les toits n'en font pas comme dans le Levant, couverts d'une plateforme, mais de tuiles comme en Europe. Les Anglois ont des vitres à leurs fenêtres; les Indiens n'en font point uſage, mais ils ſe ſervent de petites coquilles fort minces enchaſſées dans du bois, ce qui rend les chambres fort obſcures.

Les Anglois ont une belle égliſe

à Bombai ; cependant ils ne comptent qu'un seul ministre sur toute la côte, de manière que, lorsqu'il vient à mourir, il faut en faire venir un d'Europe. Mais comme il y a beaucoup de catholiques, on y trouve des ecclésiastiques & des carmes, qui desservent quelques cures. Le Pape avoit même envoyé un évêque ; mais le Gouvernement Anglois le refusa. Celui ci, bien qu'il laisse la liberté de conscience, ne permet cependant point de faire des prosélytes. Un Européen ne peut changer de religion, à moins que le Gouverneur n'en soit préalablement instruit.

Les Européens étrangers ne peuvent pas faire à Bombai leur fortune dans le commerce : mais dans le militaire, on ne fait aucune distinction de nation. Il s'y trouve des officiers Anglois, Polonois, Allemands. Il faut qu'ils commencent tous par être cadets, & ils avancent ensuite graduellement en peu de tems, parce que le plus grand nombre meurt par intempérance : il en est peu qui repassent en Europe.

Tous les employés de la compagnie des Indes Angloises, depuis le président jusqu'au dernier des subalternes, ont la liberté de faire le commerce.

Les vaisseaux, qui viennent d'Europe pour la côte de Malabar, se rendent dans le port de Bombai. La denrée la plus considérable que les Anglois portent dans cette île, est le drap qui va en Perse par Basra. Les autres importations sont la cochenillle, les dents d'éléphant, le fer brut, le fer-blanc, l'acier, l'étain, le cuivre, les canons, & toutes les espèces d'armes. Les capitaines des vaisseaux portent encore pour leur compte des pacottilles de plusieurs bagatelles. Une grande partie des marchandises Européennes est exposée dans une vente publique, presque aussitôt après l'arrivée des bâtimens. Ce qui ne se vend point, on l'envoie dans les petites colonies.

Les marchandises que Bombai envoie en retour dans les ports

d'Angleterre, font le poivre de la côte de Malabar, le falpêtre du Sind, les différentes toiles de Surate, qui, de Londres paſſent enſuite à la côte de Guinée, le coco enfin & le riz, qui ſont ſes principales productions.

LETTRE CLXI.

De Goa.

CE n'eſt pas ſans danger, Madame, que j'ai parcouru la côte des Pirates. Elle eſt continuellement infeſtée par une foule de forbans ou corſaires, errans ſans ceſſe autour des vaiſſeaux, comme autour de leur proie. Pour nous ſouſtraire à leurs pirateries, il a fallu leur payer pour ainsi dire, le droit de passage.

Ces Pirates sont connus sous différens noms. Les plus redoutés par leur férocité, se nomment *Sangans*. C'est principalement vers l'embouchure du Sind, le long de la côte du Guzarate, qu'ils exercent leurs hostilités. Les *Angrias* étoient il y a quelques années, ceux dont les armemens étoient les plus considérables. D'abord à peine avoient-ils eu des forces suffisantes pour attaquer des vaisseaux marchands. On les a vus depuis se mesurer avec des vaisseaux de guerre, de quarante à cinquante pièces de canon. Les Anglois ont été les premiers à s'ennuyer de ces insultes, & d'accord avec les Marates, ils ont détruit ces corsaires. Le partage du butin les a bien dédommagés des frais de l'expédition. Mais qu'est-il arrivé? Les Marates ou plutôt de petits chefs, leurs vassaux, ont succedé aux Angrias, & par des secours clandestins, ils se sont vus en état d'insulter la plûpart des pavillons.

Leur marine est composée de quelques frégates & sur-tout de bâtimens, qui portent jusqu'à vingt-quatre pièces de canon. Ces Pirates vont, à la voile & à la rame, sur-tout durant les calmes communs dans ces parages, attaquer adroitement par les hanches les vaisseaux dont ils craignent l'artillerie. Lorsqu'ils ont l'occasion de venir

à

à l'abordage, la plûpart jettent sur le pont ennemi des pots de terre très-fragiles, & remplis de chaux vive en poudre, qui pénétrant dans les yeux des combattans, leur fait tomber les armes des mains.

Il est encore une autre espèce de forbans plus à redouter pour les petites embarcations : ils sont connus sur une partie de cette côte sous le nom de *Maëblés*. Montés sur des doubles pirogues & sans être avoués d'aucun prince, ils volent & assassinent. Ces Maeblés sont une nouvelle race Mahométane, qui depuis quelques siècles s'est formée de prosélytes indiens, presque tous sortis des tribus infâmes d'esclaves ou de criminels. Leur nombre dans plusieurs de ces contrées, s'est peu-à-peu tellement accru, qu'ils pourroient bientôt arriver à l'indépendance, si Aider-Ali ne repoussoit leurs efforts.

Du reste les Pirates Indiens, après le combat & le pillage, se montrent humains : ils ne font jamais d'esclaves, mais ils tâchent de rançonner ceux qu'ils présument être riches. Depuis quelque tems, surtout, les corsaires Marates ont mis beaucoup d'ordre dans leurs déprédations. Ils ont campé, en divers lieux, des résidens ou espions, qui veillent à l'arrivée & au départ des vaisseaux, & vendent à grand prix des passe-ports pour la sûreté des traversées. Quelques armateurs

Indiens ont la prudence de s'en munir ; d'autres s'en paſſent, & vont plus loin payer quelquefois de leur ſang leur économie.

Quoique je ſois loin de confondre les Portugais avec les forbans de l'Inde, il me paroît bien extraordinaire que ces Européens ſe croient fondés, en vertu d'anciennes conceſſions de la cour de Rome, à faire acheter aux Indiens, la permiſſion de naviger ſur les mers qui baignent l'Inde, & à confiſquer les objets qu'il leur a plu de déclarer contrebande.

Enfin toute cette partie eſt tellement la proie de la Piraterie, qu'il n'eſt point un ſeul garde-côte Anglois, qui ne ſe permette un droit de visite, & quelquefois un droit de propriété sur les choses qui sont de son goût. Cette usurpation, il est vrai, est toujours désavouée par le gouvernement.

Avant de terminer cette lettre, il est à propos que je vous donne une idée de l'état de la navigation Indienne. Il n'est pas étonnant qu'un peuple environné de vastes mers, ait dirigé son esprit, même dans l'enfance de la civilisation, vers cette source du commerce. Il a appris à naviger avec facilité & sans crainte, dans des courses de sept à huit cens lieues, sur des bâtimens qui excepté vers la poupe & la proue, n'ont de bordage que jusqu'à la flottaison. Ces vaisseaux toujours à découvert & sans ponts, sont couverts aux parties supérieures de cuirs de buffles. Des claies de lattes minces suspendues aux deux côtés, servent à briser l'effort des vagues. Cette petite navigation est en général fort sûre, lorsqu'on profite du cours périodique des *moussons* favorables. Les bons Asiatiques, qui sont ordinairement timides & peureux, redoutent beaucoup les tempêtes.

Dans les contrées où le commerce a aggrandi & multiplié les ressorts de l'industrie nationale, les vaisseaux Indiens le disputent en solidité aux vaisseaux Européens. Ils durent des siècles entiers. La plupart sont construits d'un bois trèsdui, qu'on appelle *teck*, & contiennent mille ou douze cens tonneaux; les cordages faits de bourre de cocotier, font plus rudes & moins maniables que les nôtres, mais ils ont autant ou plus de force. Leurs voiles de coton ne font ni auſſi fortes ni auſſi durables que celles de lin & de chanvre, mais elles font plus faciles à plier & plus difficiles à déchirer. Au lieu de poix, on fait uſage de la gomme d'un arbre, nommé *damar*, qui vaut autant ou mieux. Lorſque le bâtiment eſt en état d'aller ſur mer, loin de le lancer à l'eau par des apprêts coûteux & des machines compliquées, on introduit dans le chantier, comme nous l'avons pratiqué depuis, la marée, qui ne tarde pas à l'enlever.

Quant à l'habileté des officiers de vaisseau, quoique médiocre, elle les éclaire assez pour courir les mers sans danger, dans les moussons favorables. Les matelots nommés *lescars*, vont avec assez d'habileté, d'une Inde à l'autre. Les Européens s'en servent même pour ramener dans les parages orageux, les navires qui ont perdu leurs équipages. Mais l'ignorance des Pirates sur cette côte, est inconcevable; sans théorie quelconque, ils voguent au gré d'une grossière routine, sans cartes, sans boussole; ne sachant pas même prendre la hauteur du soleil,

& ne réglant leurs marches que sur le cours apparent de cet astre, & sur celui de la lune & des étoiles.

Cependant malgré cette impéritie, ces nations jouissent d'un avantage précieux, que l'Europe devroit bien partager avec elles. Dans ces chétifs bâtimens où le navigateur pouvant à peine se remuer, est condamné à rester toujours assis les jambes croisées, on ne connoît ni le scorbut, ni les maladies contagieuses, qui donnent si souvent la mort à nos braves marins. Cette différence doit être attribuée moins à la brièveté de leurs voyages, qu'à leur propreté & à la qualité de leurs alimens. L'Indien, sur mer comme fur terre, tous les matins fe frotte d'abord les dents & les gencives avec du charbon pilé, ou de la cendre d'excrémens de vache, & puis fe racle la langue. Ce foin d'un moment, prévient les engorgemens dans ces parties, conferve l'émail des dents & la pureté de l'haleine, & provoque une expectoration falutaire aux gens de mer.

Mais ce qui les préferve de toutes nos maladies, c'eft fur-tout l'eau qu'ils renferment, non comme nous dans des tonneaux, mais dans des citernes conftruites avec beaucoup de précaution, & pratiquées dans les parties les plus aërées du bâtiment. Pendant le voyage, on les ouvre de tems en tems, pour renouveller l'air; à l'aide de cette précaution, l'eau, à l'abri de toute filtration, ne se corrompt point, & ne contracte jamais une mauvaise odeur, cause ordinaire du scorbut. On reconnoît si bien l'utilité de ces cîternes, qu'on ne manque jamais d'en pratiquer, même dans les vaisseaux modernes, qu'on construit selon les formes & les proportions Européennes.

LETTRE CLXII.

De Goa.

Cette ville, Madame, située au nord de la côte de Canara, s'élève en amphithéâtre sur un espace d'une demi-lieue, dans une île dont elle porte le nom, & qui est détachée du continent par les deux bras de la rivière de Mandoua, qui se jette dans la mer à trois lieues de la ville, après avoir formé devant ses murs, un des plus beaux ports de l'univers. On donne à cette île dix lieues de tour. Ce petit terrein offre à la fois des collines, des plaines, des bois, des canaux, des sources d'une eau excellente, une cité magnifiquement bâtie, des villages considérables, dont le voisinage est embelli de prairies, de paysages & de sites pittoresques, où sont bâties d'agréables maisons de campagne. La plus grande partie du sol est d'une terre rouge, dont on fait une assez belle poterie; dans quelques coins, une autre terre d'un gris noirâtre, fournit des vases dont la finesse le dispute au verre. Ici comme dans la plûpart des îles & des climats renfermés entre les tropiques, la nature dans toutes les saisons est vêtue d'une belle végétation. Les arbres & l'herbe des champs conservent toujours leur verdure ; deux fois l'année, les vallées donnent au cultivateur une moisson de riz & de millet.

Avant d'entrer dans le port, on découvre les deux péninsules de Salset & de Bardes, qui lui servent en même tems & de rempart & d'abri. Elles sont défendues par des forts bordés d'artillerie, devant lesquels doivent s'arrêter tous les vaisseaux qui veulent mouiller au port. C'est le seul d'où le commerce peut étendre ses bras dans toute l'Inde, par mer & même par terre.

La ville de Goa a environ une lieue & demie de tour; elle n'est fortifiée que du côté de la rivière. Une simple muraille qui l'environne de l'autre côté, ne la défendroit pas long-tems, si elle étoit attaquée. Mais les Portugais qui sont les maîtres de toute l'île depuis cent dix ans, se reposent sur la difficulté des passages. On ne se lasse point d'admirer les églises, les monastères, les palais, les places publiques, les forteresses, & tant d'autres édifices que ces Européens y ont élevés à grands frais.

J'ai fait ma première entrée dans la ville, par la grande porte, qui est ornée d'une magnifique sculpture. Ce sont des représentations en bas-reliefs, des guerres du Portugal dans l'Inde, des trophées, des arcs de triomphe. Le spectateur s'arrête sur-tout devant une belle statue dorée de sainte Catherine, devenue la patrône de Goa, depuis que le jour de sa fête, les Portugais se rendirent les maîtres de l'île, à la tête d'Albuquerque, le plus vaillant & le plus éclairé des Portugais. Ce grand général se présenta aux portes de Goa, les força & enleva cette ville en 1508, au Roi de Décan, qui la reprit deux ans après; mais Albuquerque fondit de nouveau sur Goa, l'emporta d'emblée, s'y fortifia & en fit la métropole de tous les établissemens Portugais dans l'Inde. Ce héros après avoir rempli toute l'Asie de ses succès, tranquille dans le centre de ses conquêtes, s'occupa de réprimer la licence des Portugais: il rétablit l'ordre dans toutes les colonies, affermit la difcipline militaire, & fe montra actif, prévoyant, fage, jufte, humain, défintéreffé. L'idée de fes vertus avoit fait une impreffion fi profonde fur l'efprit des Indiens, que long-tems après fa mort, ils alloient à fon tombeau, pour lui demander juftice des vexations de fes fucceffeurs. Ce grand guerrier mourut à Goa en 1515, fans richeffes & dans la difgrace du Roi de Portugal, auquel on l'avoit rendu fufpect.

Le commerce qui fit fortir Venife de fes lagunes, Amfterdam de fes marais, avoit fait de Goa, le centre des richeffes de l'Inde, & l'un des plus fameux marchés de l'univers. Le tems, les révolutions si ordinaires en Asie, l'orgueil inséparable des grands succès, la mollesse qui suit toujours une opulence facilement acquise, la concurrence de nations plus éclairées, les infidélités du fisc & celles des particuliers, des perfidies, des atrocités de tous les genres, ces causes & d'autres peut être, ont précipité dans l'abîme cette cité superbe. Elle n'est plus rien : & les vices de son administration, la corruption de ses citoyens, l'influence des moines dans les résolutions publiques, ne promettent pas son rétablissement. Dépouillée de tant de fertiles provinces, qui recevoient aveuglément ses loix, il ne reste à Goa de son ancienne splendeur, que sa petite île & son port.

Cette ville a cependant conservé une partie de son commerce intérieur. Vous ne concevez pas le mouvement, le tumulte & le fracas qui animent la rue de Drecha. C'est un marché perpétuel de toutes les marchandises de l'Inde & de l'Europe. La foule des vendeurs & des acheteurs est si serrée, que les grands chapeaux nommés *sombreros*, dont le diamètre est de six ou sept pieds, s'entretouchent sur toutes les têtes, de manière qu'ils paroissent ne faire qu'une seule couverture.

C'est-là que les maîtres mènent ensemble confondus, leurs esclaves de l'un & de l'autre sexe, comme un troupeau d'animaux. Ici la vente n'en eſt pas faite avec plus de décence que dans les marchés de Turquie. Chacun a la liberté de les viſiter. Vingt ou trente *Pardos* ſont le prix des plus chers, quoique dans le nombre on trouve des hommes très-bien faits, forts & robuſtes, des femmes belles ou aimables, venues de toutes les contrées de l'Inde, dont la plûpart ſavent jouer des inſtrumens, broder, coudre, faire toutes ſortes d'ouvrages, & ſervir une maiſon. C'eſt une grande richeſſe à Goa qu'un grand nombre d'eſclaves. Ce nombre eſt ſouvent la meſure de la richeſſe d'un particulier. On dit quelquefois, cet homme a mille esclaves, comme en France nous disons, il a mille livres Outre ceux qui font le service domestique, d'autres vont s'occuper au-dehors, & sont obligés d'apporter chaque jour ou chaque semaine à leurs maîtres, le salaire de leur travail.

Vous concevez que de cette manière les esclaves trouvent la facilité de se dérober à leurs maîtres, & de fuir dans des pays où ils vont jouir de la liberté. Aussi les traite-t-on avec une bonté & une douceur, qui les rend fiers jusqu'à l'insolence. La plûpart aiment à voler, & remplissent les routes & les environs de Goa de leur brigandage.

Dans ce même marché de Drecha, outre les esclaves à vendre,

on en voit une foule d'autres, qui n'étant point eux-mêmes en vente, y viennent expofer leurs ouvrages, ou chercher de l'emploi.

Les femmes s'y montrent toujours parées avec foin, pour plaire à l'acheteur. Un Portugais ne fe fait jamais fcrupule de tenir lieu de mari à une jeune efclave. Si de cette familiarité il naît un enfant mâle, l'enfant eft légitimé, & la mère déclarée libre. Le Portugais fe permet ce commerce tant que la jeune fille n'eft point mariée; mais il renonce à toute faveur, dès qu'il lui donne un mari. Sa parole eft une loi qu'il ne viole jamais fans crime.

Quoique le fol & le climat de

ces contrées aient toujours été regardés comme peu favorables aux chevaux, on en voit dans le marché de la rue Drecha, un grand nombre d'Arabes & de Persans, qui sous le ciel brûlant de l'Inde, ne perdent rien de leur vigueur & de leur beauté première. A la vérité les chevaux naturels du pays sont presque tous petits & cagneux; aussi tous les ans l'Inde reçoit du Thibet & de la Tartarie, des chevaux ordinairement nerveux & infatigables, qui développés par une bonne éducation, fournissent une course de vingt-cinq lieues en huit heures. Ceux que la Perse & l'Arabie envoient, sont les plus estimés. Mais un cheval Arabe de race noble, l'emporte toujours à la course sur le meilleur cheval Persan.

L'Inde ne traite point en marâtre tous ces beaux chevaux étrangers. Elle a pour eux tous les soins d'une mère : deux fois par jour & après la moindre course, on les promène quelque tems par la bride, ensuite on leur masse toutes les parties du corps. La racine de chiendent, la paille de riz, de bled, de cambou, de cholan, ou d'autres grains du pays, fournissent leur nourriture ordinaire. Tous les jours le palefrenier leur donne deux rations, soit d'une sorte de lentilles nommées koullon, soit de pois carrés, ou bien de quelques autres espèces de féveroles, que l'on fait cuire ou seulement renfler dans l'eau. Il est même assez ordinaire qu'avec ces farineux, on fasse bouillir une tête de mouton ou de cabril, qu'on paîtrit avec du beurre ; aussi les chevaux dans l'Inde sont mieux nourris que les soldats en France. Pour alimenter la vigueur de ces coursiers, une fois le mois, on leur fait avaler des *messals*, c'est-à-dire des bouteilles faites avec de la patte de poivre, de curcuma, de coriandre, d'ail & de jagre, pilés & broyés ensemble. Ces pillules corrigent l'effet exténuant de la chaleur.

LETTRE

LETTRE CLXIII.

De Goa.

JE suis allé voir ces jours derniers, Madame, la belle fontaine de *banguenin*, située à un quart de lieue de la ville. Elle est couverte de beaux arbres & environnée de murs. On a ouvert à l'entour plusieurs réservoirs, dont les uns servent de lavoirs pour le linge, & les autres de bains publics. Cette fontaine seule fournit d'eau potable tout Goa, où l'eau des puits, pratiqués presque dans toutes les maisons, ne peut servir qu'aux besoins domestiques ; aussi quoique le chemin pour arriver à cette fontaine soit pénible, & qu'on soit obligé de monter & de descendre trois ou quatre montagnes, on y rencontre le jour & la nuit une foule d'esclaves, qui sans cesse vont chercher de l'eau dans des cruches dont la capacité tient deux seaux, & vont la vendre par la ville, à six deniers la cruche.

Il auroit été facile aux Portugais de conduire la source entière dans Goa par des aqueducs. Mais ce projet a toujours été arrêté par la double considération que les étrangers, dont le nombre est immense, jouiroient de cet avantage sans contribuer aux frais de l'ouvrage, & que les esclaves dont l'emploi continuel de porteurs d'eau, produit un revenu annuel à leurs maîtres, manqueroient d'occupation.

L'île entière, la ville & les villages, sont peuplés de différentes sortes d'habitans naturels ou étrangers, voués à divers travaux. Parmi les naturels, on distingue les Biamines qu'on trouve dans toutes les parties de l'Inde, & toujours maîtres & supérieurs : les Canarins divisés en deux classes, dont l'une s'occupe du commerce ou d'autres emplois honnêtes, & l'autre de la pêche, de la chasse & de tous les métiers mécaniques ; les Colombins qui chargés des œuvres les plus viles, végètent dans la pauvreté & la misère. Tous ces anciens habitans de l'île, en vertu d'une ordonnance des rois de Portugal, jouissent du privilege de vivre en liberté & en paix, sans qu'il soit jamais permis de les troubler dans leur culte religieux, ni de les réduire à l'esclavage.

Parmi les étrangers, quoique le premier rang appartienne aux Portugais, ceux qui portent ce nom, reconnoissent entr'eux des lignes de démarcation. Les véritables Portugais sont ceux qui venus de l'Europe, sont appelés avec respect, *Portugais du Portugal*. Après ceux-ci, les plus distingués sont les Casticos, nés dans l'Inde d'un père & d'une mère Portugais ; les derniers enfin sont les Métis, qui ont pour père un Portugais, ou pour mère une Portugaife, mais dont l'un des deux eſt enfant de l'Inde. Ces Métis font ſur la même ligne que les mulâtres qui naiſſent d'un Portugais & d'une négreſſe d'Afrique. Mais les premiers jouiſſent d'une confidération particulière, quand ils font de race Bramine du côté paternel ou maternel.

Les autres habitans font ou des étrangers Indiens, qui en payant un tribut perſonnel, achètent la liberté de demeurer dans l'île, ou des Européens tels qu'un petit nombre d'Eſpagnols, d'Allemands, de Flamands & d'Anglois, une foule d'Italiens, & une immenſité d'Arméniens. Il eſt rare d'y voir un ſeul François.

Je ne vous parlerai point d'un monde de prêtres, de moines, de chanoines, noirs, gris, blancs, vraies fauterelles des colonies, où il ne faudroit que des bras laborieux pour fabriquer des marchandifes, & des vaiſſeaux pour les exporter. Les moines Francifcains font les feuls ici, qui, comme en Europe, foient de quelque utilité. Toute cette armée monacale n'eſt foufferte dans Goa, qu'à condition que tout moine en cas d'attaque, prendra le moufquet & fera le fervice d'un foldat.

Vous concevez combien de couvens il a fallu bâtir pour recueillir tous ces pieux fainéans. Dans l'une des trois églifes que poſſédoient les Jésuites, repose le corps de S. François Xavier, surnommé l'apôtre des Indes. Vous savez que cet ami de S. Ignace, né aux pieds des Pyrénées, se rendit à Goa en 1542, pour y prêcher l'évangile, & qu'il mourut dans l'île de Sancian en 1552, âgé de quarante-six ans. A Goa l'Archevêque est ce que ses confrères sont par-tout, c'est-à-dire un grand seigneur par son rang & par l'immensité de son revenu. Son autorité dans l'Inde représente celle du pape. Outre les rentes annuelles attachées à la dignité d'Archevêque & de Primat des Indes, il reçoit des présens de tous les autres ecclésiastiques, & une portion des biens confisqués par l'inquisition de Goa. Il confie l'exercice de la plûpart des fonctions épiscopales à son Grand-Vicaire, revêtu du titre d'Evêque de Goa, tandis que lui-même, libre de tout travail, passe son tems à partager les honneurs du Vice-Roi, à manger en public avec la même pompe, observant toujours religieusement d'appeler le respect de la noblesse, & d'en repousser toute familiarité.

Le Vice-Roi Portugais est revêtu d'un pouvoir qui s'étend sur tous les établissemens de sa nation dans les Indes. Il y exerce tous les droits de l'autorité royale, excepté à l'égard des gentilshommes, que les Portugais nomment *hidalgors*. Ceux-ci, dans les caufes civiles comme dans les criminelles, peuvent appeler de fa fentence au tribunal du Portugal, mais alors ils y font envoyés prifonniers, les fers aux pieds. Le Vice-Roi eft le premier de l'île ; après lui vient le Primat, puis le Chancelier, le Lieutenant-Civil, le Lieutenant-Criminel & le Procureur du Roi : ces quatre derniers ne peuvent fe marier, tant qu'ils font en place. Sans doute cette prohibition du mariage n'a eu pour but que de leur laiffer le moyen d'être tout entiers à leur charge, & de fermer leur ame à la foif de l'or, trop ordinaire aux gens de loi.

Goa coûte par an plus de trois

cens mille piastres au Roi de Portugal, pour les appointemens des principaux officiers, & pour les dépenses imprévues. Le Vice-Roi, selon les bénéfices que lui procure sa place, jouit, outre les honoraires que lui donne le roi, d'un million de revenu. Aussi il vit avec tout le faste de la royauté. Jamais il ne mange hors de son palais: le Primat seul est quelquefois admis à sa table.

Avant de terminer cette lettre, il faut que je vous donne une idée du régime de la *Faʒende* ou Douane. Rien n'est plus insolent que les Douaniers de Goa. Le Gouvernement est le vil suppôt de leur tyrannie, qui lui procure annuellement deux cens mille livres. Ces exacteurs ont à leurs ordres des courtiers gentils, toujours disposés à se prêter aux procédés les plus iniques. On a peine à concevoir qu'un capitaine de vaisseau après avoir payé les droits, ne puisse avoir sa cargaison dans son magasin; les courtiers de la Fazende s'en rendent les gardiens ou plutôt les maîtres, jusqu'à ce qu'ils aient obligé les propriétaires de passer les marchandises au taux qu'ils désignent. Ajoutez à cela les procédures qu'une foule d'avocats & de procureurs voit naître avec plaisir, & finir avec douleur. Ne croyez point que mon indignation vous peigne ces harpies avec des couleurs trop noires. Le trait suivant vous en dira, seul, plus que toutes les déclamations de la philosophie. Dans le tems du Colonel Pierre Pont, Gouverneur de Salcète, ces hommes avides eurent l'imprudence de se plaindre au Vice-Roi, de la tranquillité qui règnoit dans cette province, où la sagesse du Gouverneur avoit presque aboli les procès!

LETTRE CLXIV.

De Goa.

L'Inquisition est ici, Madame, plus terrible & plus sévère qu'en Portugal, qu'en Espagne, qu'en Italie. Les déclamations contre son institution & son régime sont le premier de tous les crimes; viennent ensuite l'hérésie, le soupçon seul d'hérésie, la croyance aux magiciens, aux devins, qui seule remplit les cachots d'une foule de femmes dont l'imagination est trop exaltée, enfin d'autres fautes légères que le tribunal poursuit & punit toujours avec acharnement, tandis qu'il ferme souvent les yeux sur l'homicide, sur le vol, & sur tous les crimes les plus graves. La moindre menace ou la moindre résistance qu'on feroit au dernier des officiers, ou pour dire mieux, des suppôts de l'inquisition, est toujours un forfait, dont ni la naissance, ni le rang, ni l'emploi du coupable, ne peuvent arrêter la peine. La rumeur populaire, la déposition des témoins ou délateurs, les recherches sourdes des espions, dont l'essaim voltige dans les rues, sur les places & par tous les lieux publics, enfin la confession du coupable, qui vient lui-même se dénoncer, dans l'espérance de recevoir un traitement moins sévère, sont les canaux différens par où la connoissance des chefs d'accusation arrive au grand ou au second inquisiteur, qui sont toujours l'un un prêtre séculier, & l'autre un religieux Dominicain.

Celui-ci, le plus souvent sur un léger soupçon, cite les prévenus par trois différentes sommations devant son tribunal Mais si par crainte ou par désobéissance ils ne comparoissent point, ils sont excommuniés & condamnés provisoirement à de grosses amendes, sans préjudice d'un jugement plus sévère, qu'ils n'évitent jamais, s'ils ont le malheur d'être arrêtés. Quand même un accusé seroit innocent, c'est assez qu'il ne défère point aux ordres de l'inquisition, pour qu'il subisse les peines du plus grand criminel. Rien ne s'oublie à l'inquisition : là, comme dans un autre enfer, la prescription n'efface aucun crime des registres : le fanatisme les y tient toujours ouverts. L'assigné qui a refusé de se présenter, n'a d'autre ressource qu'un bannissement volontaire & perpétuel : aussi la terreur de ce tribunal, fondée sur les vexations les plus coupables & toujours nées de l'avidité, disperse tous les ans une foule de marchands, qui vont se refugier sur les côtes voisines ; & cette dispersion est la mort du commerce de Goa. Souvent même lorsque le crime est réputé grave, on ne s'arrête point aux formalités préalabes; dans ce cas on ordonne sans délai la prise de corps; & l'incarcération a toujours lieu, dans quelque endroit qu'on trouve l'accusé. Il n'est pour sa personne ni asyle, ni privilège. L'imagination ne peut concevoir la triste situation du poursuivi : quelquefois il est arrêté au sein de sa famille, ou au milieu de ses amis. C'est un père à côté de son fils, ou un fils à côté de son père, ou une femme qu'on enlève à son mari, sans que ces tristes & malheureuses victimes, quoique souvent assurées d'aller à la mort, osent faire la moindre résistance; sans qu'aucun des parens ou des amis qui les environnent, ose parler en leur faveur. Ceux-ci, s'ils avoient l'imprudence de laisser échapper le moindre mot, auroient le même sort. Il n'est permis de parler du tribunal du grand inquisiteur & de ses officiers, qu'avec le respect & l'honneur qu'on montre pour la Divinité.

Quiconque entend des propos injurieux, ou contre l'inquisition, ou contre la religion, est obligé de dénoncer le coupable quel qu'il soit. On voit un ami sacrifier son ami, des enfans leurs pères, & des pères leurs enfans ! Quels désordres de pareilles loix ne jettent-elles point dans les familles ! Une parole, quelquefois innocente, & le plus souvent raisonnable, révélée par la naïveté d'un enfant, ou par la méchanceté d'un esclave, précipite un père ou un maître dans un affreux cachot, d'où il ne fort que pour entrer dans le bucher. Un mari libertin ou une femme débauchée font-ils onéreux l'un à l'autre ? une simple dénonciation, faite par le plus méchant devant ce tribunal, où le dénonciateur n'a jamais tort, & où les témoins ne font jamais confrontés, le débarrasse bientôt de sa charge ? Un enfant dans la fougue des passions veut-il avoir la liberté de se livrer aux plaisirs & aux égaremens de la jeunesse, il sacrifie un père ou une mère, dont les exhortations ou les reproches l'importunent.

De pareils exemples ne se réalisent que trop souvent. On voit plus fréquemment, il est vrai, un malfaiteur dénoncer impitoyablement la personne à qui il veut nuire. Vous concevez ce que doit être une société où l'humanité, la confiance, la piété & la reconnoissance filiales sont condamnées & punies par les loix.

La classe Juive est celle que l'inquisition traite avec le plus d'injustice. Un Juif qui s'aviseroit de contester la Trinité ou l'Incarnation, est puni comme hérétique. Il ne lui est permis d'avoir ni le talmud ni aucun autre livre, qui réfute la religion de Rome. Les Juifs sont tellement séparés des autres habibans; qu'on ne leur permet pas même de donner des nourrices chrétiennes à leurs enfans : la crainte des supplices les plus cruels en détermine quelques-uns à se faire *nouveaux-chrétiens*, que les Portugais appellent *christianos novos*, titre si méprisé, qu'un ancien chrétien se croiroit déshonoré, s'il s'allioit avec la fille ou la petite-fille, ou même l'arrière-petite-fille d'un nouveau chrétien. Aussi ces prosélytes ne forment-ils des alliances qu'entr'eux. Ils sont toujours attentifs à cacher leur union ou leur amitié mutuelle; car il suffiroit de les voir trop bien ensemble, pour qu'on les soupçonnât de judaïsme, & qu'on les rendît prisonniers. Ils font ordinairement accufés, tantôt de mettre des crucifix dans les couffins fur lefquels ils s'affeyent & s'agenouillent, tantôt de fouetter des images, tantôt de s'abftenir de porc. Mais ils craignent peu l'inquifition lorfqu'ils font fans fortune. Elle n'attaque que ceux qu'elle voit riches. Elle n'a que faire d'un homme qui ne pourroit point payer les mois de nourriture. Auffi n'a-t-elle établi que des peines légères pour la claffe pauvre ; mais la claffe riche eft toujours pourfuivie avec plus de recherches, & punie avec plus de févérité.

Les Gentils & les Mahométans établis à Goa ne font point affujettis à ce tribunal, à moins qu'ils n'aient empêché quelqu'un d'embraffer le chriftianifme, ce qui arrive affez fouvent. A peine un accufé eft-il entré dans le palais de l'inquifition, qu'on le fouille avec le foin le plus fcrupuleux, pour découvrir s'il n'a pas quelque papier ou pièce de conviction, ou quelque inftrument pour fe donner la mort. On a vu des prifonniers pour fe fouftraire aux cruautés de ce tribunal, fe fracaffer la tête contre les murs de leur cachot.

Après que l'accufé eft dépouillé de tout ce qui paroît fufpect, on le traduit dans un cachot, dont l'horrible nuit eft capable de le frapper fubitement d'une terreur mortelle. Là, enlevé à fa famille, à ſes amis, dont il ne peut recevoir ni viſites, ni conſeils, ni lettres, ni conſolation, ſeul avec lui-même & avec ſon déſeſpoir, il ſe voit abandonné à ſes juges, à ſes ennemis, à ſes accuſateurs. Sans ceſſe le ſpectre de la mort apparoît à ſon imagination, épouvantée de ces ſombres murs, de ces guichets, de ces verroux qui crient, & de ces chaînes dont le bruit ſourd va roulant de voûte en voûte, le long de ces immenſes corridors, où pendant quelques momens du jour on permet à ces miſérables victimes, l'une après l'autre, de venir reſpirer un air moins corrompu que celui qui infecte leur cachot. Malheur à l'infortuné qu'on entend au fond de sa prison gémir, soupirer ou se plaindre, & même invoquer le ciel à haute voix ! Les gardes du Saint-Office qui sont là & le jour & la nuit en faction & sans cesse aux écoutes, commandent avec aigreur & menaces le silence profond au malheureux, qui croit au moins avoir le droit de se plaindre. Si après cette admonition, son cœur gros de soupirs en laisse imprudemment échapper un seul, voilà que tout-à-coup la soldatesque furieuse, armée de nerfs de bœufs, ouvre le cachot, s'acharne sur l'innocent qu'elle fait tomber sous des coups redoublés, non-seulement pour le punir, mais encore pour intimider les prisonniers voisins, qui à travers le vaste silence de tous les lieux d'alentour, peuvent entendre à-la-fois & le fracas des coups & les cris de l'infortuné. Je crains de vous faire frissonner, si je vous dis le malheur d'un prisonnier, qui malade d'un violent rhume de poitrine toussoit malgré lui fort fréquemment. Les gardes vinrent impérieusement lui dire : taisez-vous. L'infortuné, dont la toux redoubloit sans cesse malgré ses efforts pour la retenir, put à peine répondre que sa maladie en étoit la cause. Les barbares indignés de la réponse, le déshabillèrent tout nû, & l'excédèrent avec une cruauté si opiniâtre, que leur victime expira entre leurs mains.

Par ce profond silence, les inquisiteurs empêchent les prisonniers de se reconnoître, & interceptent la communication & le rapprochement qui peuvent seuls consoler les ames souffrantes. Ces infortunés dans leurs cachots n'ont pour meubles, qu'une table de trois à quatre pieds quarrés, sur laquelle ils font leur lit, composé d'une paillasse, d'une paire de vieux draps, & d'une couverture souvent rongée par les rats. C'est-là sur ce grabat qu'ils passent de longues nuits, & quelquefois des jours entiers sans sommeil, sans repos, ne vivant que de douleur à la pâle lueur d'une petite lampe, qui brûle presque toujours, mais inutilement;

car il ne leur est jamais permis de lire, pas même un livre de dévotion. On craindroit qu'ils n'oubliassent quelques momens le malheur d'être ensevelis vivans dans ces manoirs ténébreux, où ne peut pénétrer un rayon du plus beau jour d'été.

Mais revenons à notre accusé, un ou deux jours après qu'il a été mis en prison, on lui coupe les cheveux, on le rase sans distinction ni de sexe, ni d'âge, ni de naissance ; ensuite on l'interpelle sur son nom, ses biens & ses effets. Pour l'engager à faire un aveu sincère de sa fortune, l'inquisiteur lui promet que s'il est innocent, tout ce qu'il aura déclaré lui sera fidèlement conservé & rendu, mais qu'au contraire si on découvre quelques biens dont il n'aura pas fait mention, ils seront confisqués sans retour, de quelque manière que tourne son procès.

Tous les Portugais & les autres habitans de Goa, qui croient à la sainteté & à la sincérité du tribunal, font une confession religieuse de tous leurs biens: ces biens, dès qu'ils ont le malheur d'être connus, sont aussitôt confisqués & mis entre les mains du grand inquisiteur, dont il est bien rare de les voir sortir. Cette confiscation est toujours prononcée, lorsque l'accusé nie le crime dont on le charge. Si au contraire il l'avoue, dans l'intention d'éviter la torture ou d'être plutôt rendu à la liberté, alors il est coupable par son propre aveu, & par conséquent c'est avec justice aux yeux du public, que les biens sont confisqués ; & si après qu'on l'a dépouillé de tout son avoir, on ordonne son élargissement comme une faveur accordée à un pénitent qui s'est dénoncé lui-même, il n'oseroit après sa sortie plaider son innocence, de peur d'être remis en prison, & d'être sévèrement condamné, non-seulement comme un faux pénitent, mais encore comme un calomniateur qui accuse le Saint-Office d'injustice. Vous voyez que de quelque manière qu'un accusé s'y prenne, il est sûr de la perte de tout ce qu'il a entre les mains de l'inquisition. Et voilà pourquoi ordinairement on n'est fait prisonnier que lorsqu'on a quelque bien à perdre. Ces cachots sont comme cet enfer fabuleux où l'on n'entroit que le rameau d'or à la main. Ainsi ces prétendus criminels, dont on a arraché une confession par la torture, sont obligés de publier qu'on a usé de beaucoup de clémence en leur faveur.

L'accusé prisonnier passe quelquefois plusieurs mois, sans qu'on instruise son procès, sans qu'il sache le crime dont on le charge. La procédure est lente & toujours muette. Quelquefois elle traîne durant vingt ans & plus. J'ai vu un de ces malheureux qui avoit blanchi fous les chaînes. A trente ans il fut enfermé dans ces prisons, & il n'en est sorti qu'à soixante.

Les jours où l'on condamne les coupables & où l'on absout les innocens, se nomment comme vous savez, *auto-da-fé*, c'est-à dire les *actes de foi*, & n'arrivent que tous les deux ou trois ans. Ces jours-là on couvre les prisonniers de différentes sortes d'habits, selon la nature de leur crime & le genre de leur supplice. Ceux qu'on destine à être brûlés, & dont le nombre est ordinairement très-grand, sont vêtus de chemises soufrées, & portent sur leurs habits leur portrait environné de flammes qui s'élèvent, &

de démons menaçans. On peint au contraire des flammes qui defcendent, fur les habits de ceux qui ne doivent point fubir la peine du feu. A peine le jour commence à paroître, qu'on conduit proceffionnellement ces pauvres patiens à la grande églife de l'inquifition, où ils affiftent à la meffe & à un fermon, dont la morale eft toute pour eux. Le fermon fini, chacun entend & reçoit fon jugement : enfuite on les fait marcher tous enfemble au *Campo-Sancto-Lazaro*. Là, tantôt on fait tomber fous la hâche la tête de ceux-ci, tantôt on brûle ceux-là, en préfence les uns des autres. Quelquefois on apporte des caffettes pleines d'offemens, que le bourreau jette au feu : car on fait le procès aux accusés même après leur mort.

Vous ne concevez pas les cris & les hurlemens que pousse la foule des nouveaux chrétiens, à l'aspect d'un Juif qu'on va brûler. On distingue ces mots *judeò*, *judeò*, dont le murmure sourd, mêlé aux frémissemens d'une rage pieuse, fait frissonner jusqu'au fond de l'ame.

Tel est, Madame, l'horrible spectacle que donne ici une religion de paix & de douceur. Aussi la piété est-elle toute en pratiques extérieures. Hommes & femmes, portent toujours un grand chapelet de bois au cou. A la messe ils ont un autre usage, d'une piété aussi malentendue. Lorsque le prêtre lève l'hostie, ils lèvent tous le bras droit comme s'ils vouloient la montrer, & crient deux ou trois fois de toute leur force : *misericordia*. En général tout ce qu'on observe des usages religieux de ces peuples annonce un culte de terreur : ce sont de ces hommes dont la Bruyère a dit : *Non pas qu'ils craignent Dieu, mais qu'ils en ont peur.* Cette idée me rappelle aussi ce beau vers de la tragédie d'Oreste, qui peint Clitemnestre tremblant devant les dieux :

Elle sembloit les craindre & non les adorer.

LETTRE CLXV.

De Goa.

LE peuple de Goa, Madame, naturellement paresseux est avide de processions, & de tout ce qui a un air de fête & de spectacle. Toutes ses pratiques religieuses sont de vraies mascarades : les mystères y sont représentés par des gens travestis, & par des animaux contrefaits. La plus belle des processions est celle du Rosaire, où président les religieux de S. Dominique : ce sont des chars de triomphe, des navires, des figures en bas relief, vêtues suivant le costume à la mode, & ornées de riches pierreries.

pierreries. Tout ce train eſt ſuivi d'une foule de muſiciens, que pluſieurs perſonnes accompagnent en danſant en cadence.

A la fin du mois d'Août, il eſt d'uſage d'offrir au Vice-Roi dans l'égliſe cathédrale, les prémices des fruits, c'eſt-à-dire du riz, qui eſt le blé des Indes. Avec la paille de cette graine, on fait une ſtatue d'éléphant qu'on promène par toute la ville, & qu'après la cérémonie on place dans un lieu, où elle attend juſqu'à l'année ſuivante qu'une autre vienne la remplacer.

C'eſt ſur-tout durant le carême que le génie ſuperſtitieux de la nation déploie toute ſon énergie, dans une proceſſion inſtituée pour rappeler le souvenir des souffrances & des stations du Dieu des chrétiens. Pour figurer le Christ, on porte un homme chargé d'une croix: des pénitens vêtus de sacs l'accompagnent deux à deux, & la discipline à la main, & le dos découvert, se fustigent très-sérieusement en mémoire de la flagellation. La procession s'arrête dans les différens endroits de la ville, où l'on a dressé des autels; & à chaque station le Christ se tournant vers le peuple prononce des paroles relatives aux circonstances de la passion. Alors la foule fond en larmes, jette les hauts cris, & tout cela finit par l'adoration d'un Saint-Suaire.

J'ai assisté à une cérémonie célébrée annuellement par la confrérie de la Miséricorde. Les confrères chargés de deux cercueils viennent prendre les offemens de tous les criminels, qui, exécutés pendant l'année, ont été inhumés sous les fourches patibulaires. On les porte processionnellement dans une église où ils sont enterrés près d'un autel.

Après avoir été témoin de ce triste spectacle, pour dissiper toutes ces idées cadavereuses, je suis allé me promener aux environs de la ville, dans un beau jardin, où j'ai vu l'arbre triste, que les Portugais appellent ainsi, parce qu'il ne se montre fleuri que la nuit. Quand le soleil s'enfonce sous l'horison &

disparoît, on n'apperçoit point de fleurs fur l'arbre; une demi-heure après, il en est tout couvert. Ces fleurs répandent à l'entour une odeur fuave : mais leur règne ne dure que jufqu'au moment où les rayons du foleil viennent frapper l'aibre : alors ne pouvant foutenir les regard de l'aftre, les unes tombent & les autres referment leur calice. Ce phénomène fe répète de jour en jour pendant toute l'année. L'arbre eft à-peu-près de la grandeur d'un prunier, & fes feuilles reffemblent à celles d'un oranger. Ordinairement on le plante dans les cours des maifons, pour en avoir l'odeur & l'ombrage. Il croît en peu de tems, & fait fortir de sa racine une foule de rejettons, qui malgré leur jeune âge & leur foiblesse, se parent d'autant de fleurs que les plus longues branches de l'arbre. Les Portugais font de ces fleurs l'usage qu'ils font du safran pour leurs mets & leurs teintures.

Fin du douzième Volume des Voyages.

TABLE

Pour les onzième & douzième Tomes des Voyages.

TOME XI.

MARAWA.

LETTRE CXVI. *Entrée singulière du voyageur dans l'Etat de Marawa. Parure des femmes*, 1

TANJAOUR.

LETTRE CXVII. *Productions, rivières du Tanjaour. Karikal sa capitale. Impossibilité d'y établir un port. Aldée de Tyrancué-Rayen-Patnam*, 14

CARNATE.

LETTRE CXVIII. *Bisnagar capitale du Carnate. Palais & puissance du Souba. Pagodes de Bezoard & de Tripety*, 20

Côte de Coromandel.

Lettre CXIX. Origine, destruction, rétablissement, barre & bateaux de Pondichéri, 28

Lettre CXX. Description de Madras, 46

Côte d'Orixa.

Lettre CXXI. Description de Jagrenat. Pélérinage fameux à ses trois grandes pagodes. Peletins réunis en armées, 59

Bengale.

Lettre CXXII. Histoire naturelle du Gange. Culte rendu par les indiens à ce fleuve. Maxoudabad, chef-lieu du Bengale, 59

Lettre CXXIII. Histoire de la puissance des Anglois dans le Bengale, 67

Lettre CXXIV. Famine horrible qui a désolé le Bengale en 1769, 81

Lettre CXXV. Climat & variété des saisons. Mœurs des habitans, 94

Lettre CXXVI. Description du petit état de Bisnapore, 99

Lettre CXXVII. Description de Bénarez, 107

INDOSTAN.

Lettre CXXVIII. Peinture des deux saisons dans l'Indostan, 117

Lettre CXXIX. Mœurs des naturels. Impossibilité d'obtenir la connoissance des livres sacrés. Anecdote de l'Empereur Mahamoud-Akbar. Division des Indiens en quatre classes. Classe des Bramines, 127

Lettre CXXX. Classes des gens de guerre, des laboureurs, des artisans. Cinquième classe des Parias, 152

Lettre CXXXI. Vue générale sur les religieux Indiens, 165

Lettre CXXXII. Détails sur les différentes classes de ces religieux, 172

Lettre CXXXIII. Austérités fanatiques des Pénitens, 183

LETTRE CXXXIV. *Livre sacré du Shafter. Syftême de la métamp-fycofe. Nourriture des Indiens,* 193

LETTRE CXXXV. *Superftitions des Indiens. Bouze, urine de vache, impuretés légales,* 208

LETTRE CXXXVI. *Defcription d'Agra, fes mofquées, fes bains, fes caravanferais, fes tombeaux, fon palais impérial, fa grande folemnité annuelle,* 226

LETTRE CXXXVII. *Defcription de Delhi. Palais de l'Empereur. Grande mofquée, où l'Empereur fe rend tous les vendredis,* 244

LETTRE CXXXVIII. *Revenus & force militaire du Grand-Mogol,* 258

LETTRE CXXXIX. *Defcription de Lahor, feux d'artifice, chaffe impériale,* 270

TOME XII.

SUITE DE L'INDOSTAN.

LETTRE CXL. *Defcription de la province de Kifmire & de Syra-*

naskar sa capitale. Fabrique de ses toiles. Beauté de ses habitans. Mosquée de Bara-moulay, 1

Lettre CXLI. Description d'Amadabath & de ses environs. Jardin du roi ; multitude de singes, 15

Lettre CXLII. Commerce, change, Raja ou Gouverneur & courtisanes d'Amadabath, 24

Lettre CXLIII. Histoire naturelle d'Amadabath dans le règne animal, 31

Lettre CXLIV. Description de Cambaye. Visite au Gouverneur, danseuses, jardin de la conquête, 42

Lettre CXLV. Climat, sol, productions, indigo de la province de Guzarate, 44

Lettre CXLVI. Banians, costume de leurs femmes ; leur religion, leur caractère. Education & mariage de leurs enfans, 50

Lettre CXLVII. Origine & description de Surate, 66

Lettre CXLVIII. Dehors de Surate, couvent de Fakirs, jardin de la princesse, 78

TABLE. 287

LETTRE CXLIX. *Gouvernement civil de Surate, sa population. Situation des Anglois,* 82

LETTRE CL. *Mœurs des anciens Banians & des Parsis,* 92

LETTRE CLI. *Mœurs des premiers Mogols, & de ceux d'aujourd'hui. Usage des bains & du masser,* 106

LETTRE CLII. *Danseuses appelées Balliadières,* 121

LETTRE CLIII. *Fête des mouches. Hôpitaux institués pour les animaux,* 132

LETTRE CLIV. *Commerce, banquiers, commissionaires de Surate,* 143

LETTRE CLV. *Usage des veuves de se brûler vivantes,* 150

CÔTE DES PIRATES.

LETTRE CLVI. *Description du pays depuis Surate jusqu'à Bombai,* 167

LETTRE CLVII. *Séjour à Bacaim, manière d'y vivre du voyageur,* 174

LETTRE CLVIII. *Ile de Salcète, ses ruines, ses cavernes. Ile d'Eléphanta,* 182

LETTRE CLIX. *Situation des Anglois à Bombai,* 198

LETTRE CLX. *Climat & commerce de Bombai,* 208

LETTRE CLXI. *Puissance des Pirates; navigation des Indiens,* 214

CÔTE DE CANARA.

LETTRE CLXII. *Ile de Goa, son port, sa ville, son commerce, ses esclaves, ses femmes & ses chevaux,* 227

LETTRE CLXIII. *Fontaine de Banguenin. Population, Moines, Archevêque, Gouverneur & Douane de Goa,* 241

LETTRE CLXIV. *L'inquisition de Goa,* 253

LETTRE CLXV. *Superstition des Portugais, arbre triste,* 276

Fin de la Table.

www.ingramcontent.com/pod-product-compliance
Lightning Source LLC
Chambersburg PA
CBHW070808170426
43200CB00007B/856